三国热搜榜

群雄逐鹿卷 →

黄荣郎　著

中国法制出版社
CHINA LEGAL PUBLISHING HOUSE

序 言

记得小时候住的村子里，最宏伟的建筑应该就是关圣帝庙了，那时除了对关公的红脸长须及身旁好大一柄青龙偃月刀感到好奇外，长者们口述的三国故事，更是让年幼的我为之神往。不管这个时代的我们身处何处，数千年同源同种的历史文化，却是中华儿女共同的根与骄傲。很荣幸这次能与中国法制出版社合作，将这套书献给大家，让两岸的读者，尤其是新时代的青少年朋友，都能对我们自己的先祖及历史有更进一步的认识及兴趣。也真心企盼，挑灯埋首于书堆中创作的我能为两岸历史文化的交流尽绵薄之力。

《三国热搜榜》共分为《群雄逐鹿卷》《虎啸龙腾卷》两卷。在动手创作前，我一直在思考，如何能跳脱传统历史读本的呈现方式，找到一个全新的切入点，让读者可以坐在舒适的椅子上，伴着一杯喜欢的饮料，轻松地了解这些历史上真实发生过的事件。已经有太多的前辈，以精彩的故事铺陈及华彩炫丽的文辞，创作过许多脍炙人口的历史小说；也已经有太多的学者，以精实的考据及严谨的笔法，发表过许多极富价值的历史专题论文。但对于读者而言，是否真的只能在精彩的小说故事与平淡的史实描述之间选边站？是否真的没有办法在无压力的情况下，伸手触摸那些真确发生过的历史事件？喜爱看历史剧的人，难道不想知道剧中人物在千百年前的真实样貌？为了明天的历史考试正背得焦头烂额的同学，难道没有办法很轻松地搞懂历史事件的来龙去脉？我试过很多方法，想要找出这些问题的答案，结果是废品回收的时候，得把一堆一堆试写的手稿送给巷口回收废品的阿婆。

不知道大家是否也跟我有同样的习惯，每天总是得空出时间翻翻手机、看看新闻，尤其是在工作疲累或读书读到闷的时候，总想借着这样的方式来转换一下心境。或许是读读社会新闻关心周遭发生的事，也或许只是翻翻八卦新闻来放空自己。新闻是真实的，是有趣的，也是与我们的生活息息相关的。而所谓的历史事件，不就是当时的新闻吗？在这样的灵感之下，我决定以头条新闻的方式，和读者共同来"穿越"一下，就把自己当成古人，经由新闻来了解当时所发生的事吧。当然，古代没有记者，没有照片，也没有电视名嘴，明代的罗贯中更不会跑到三国时代去发表专栏文章。但我想并不是问题，因为聪明的读者一眼就能清楚地分辨，不可能会混淆。适当调味的食物才会比较容易入口，食客才更有机会吸收到食物所含的营养，不是吗？

由于这套书以编年方式呈现，中国历史上规模最大、最重要的编年史著作《资治通鉴》，无疑在事件时间点的确认上，成为本书最重要的参考。司马光在大量史料中求真考订，穷十九年之精力编成了"鉴于往事，有资于治道"的《资治通鉴》，我们也期许《三国热搜榜》的成书，能让读者达到"以史为镜"的效果。

《三国热搜榜》纵引《资治通鉴》为时间轴，重建三国时代的真实历史。以头条新闻的写作方式，引导我们进入三国时空，宛如亲临魏、蜀、吴奇谋斗智、夺胜争霸的现场。让距今近两千年的历史事件，仿佛即时新闻般重现眼前。年份不断更新的头条版面，生动展现了政治、经济、军事、谋略各方面如何同步演进，英雄们如何造就此一恢宏璀璨的大时代。轮番抢占头条的话题人物，客观地还原了三国时代诸侯霸主、智士武将的鲜明性格。不论是仁义勇武、权谋治术，还是阴暗残暴、自私贪狂，皆不加掩饰，不加扭曲，忠实为读者呈现，以见证汉末乱世英雄的崛起、奋斗与衰亡，勾勒三国时代的完整轮廓。

历史真相是严肃的，但我们选择轻松的方式切入；文字记叙是平面的，但我们利用有趣的图像加以突出。舍弃无趣沉闷、只有一堆箭头和方块的流程图解，改以模拟新闻画面的生动漫画作为插图。把人物图像化，以凸显其个性；把事件图像化，以加深其脉络。借着图像重构场景，让三国更显有趣，让读者可以轻松地阅读历史事件，幽默窥看真实三国。或许文字在一段时日后会逐渐模糊，但令人会心一笑的插图却必定会镌刻在记忆里。

《三国热搜榜》内文经我精心撰写，辅以多张我自己依新闻需求所画的插图。内容依时间的演进划分，详尽记录了公元一八四年至二八〇年间的多条重大新闻。而为求扩大阅读的广度，在相关新闻的同一版面，特别安排了"专题报道"，让读者在阅读事件的同时，也可以对新闻中所提如"太平道""传国玉玺"等事物有进一步的认识。同时，也在适当的时间点，以"罗贯中专栏"的方式，介绍了"桃园三结义""吕布与貂蝉""过五关斩六将""空城计"等多个《三国演义》中脍炙人口的片段，不但可以厘清史实和演义之差异，也可以呼应演义小说情节之灿烂。为便于阅读，我们在对照《三国演义》进行整理的过程中，对内容略作删改调整，还望读者理解。

本书既是认识三国殿堂的入门书，也可当作了解三国史实的参考书。书最后特别收录的热搜事件榜单，可以方便读者依循时间点浏览重大事件，了解前因后果，并快速地查阅该事件的详细始末。在每一年的版头，都清楚地标注了事件发生的年代，难懂的官职名称，也都标注了便于读者理解的解释，让读者对于三国的认识，不再因只熟悉片段情节而支离破碎，也不再因演义小说之误植而时空错置。

我要特别感谢中国法制出版社的诸位朋友，在编辑与出版时他们提供了许多指导与协助。最后，也谢谢未曾谋面的读者朋友，可以挪出时间和我们一同进入历史的时空中冒险。不论是站着翻翻图片及新闻标题，还是坐着慢慢细读，都谢谢你们。

目 录

重要登场人物·曹魏

曹操（追尊，魏武帝）

曹仁

曹洪

夏侯惇

夏侯渊

荀彧

曹昂

曹丕（魏文帝）

曹彰

曹植

曹熊

曹冲

曹宇

荀攸

郭嘉

曹叡（魏明帝）

曹霖

曹奂（魏元帝）

齐王 曹芳（废帝）

高贵乡公 曹髦（废帝）

贾诩

许褚

典韦

程昱

张郃

于禁

张辽

曹爽

钟会

邓艾

钟繇

重要登场人物·孙吴

（追尊：吴武烈帝）孙坚

（追尊：长沙桓王）孙策

（吴大帝）孙权

孙翊

孙匡

孙朗

（废帝、会稽王）孙亮

（吴景帝）孙休

孙霸

孙和

孙登

（降封：乌程侯）孙皓

周瑜

张昭

鲁肃

程普

吕蒙

陆逊

周泰

黄盖

太史慈

凌统

甘宁

诸葛瑾

孙綝

陆抗

诸葛恪

重要登场人物·蜀汉

重要登场人物·晋

司马懿
（追尊：晋宣帝）

贾充

羊祜

重要登场人物·东汉

朱儁

卢植

皇甫嵩

司马伦
司马亮
司马伷

（追尊：晋景帝）

（追尊：晋文帝）

司马攸（过继司马师）

司马炎
（晋武帝）
（由司马昭过继而来）

吕布

董卓

袁绍

何进

刘表

王允

公孙瓒

十常侍 ×10

张角

袁术

张邈

张鲁

马腾

韩遂

刘璋

董承

樊稠

李傕

郭汜

袁谭

第 一 章

黄巾起义　董卓作乱

（公元一八四年～一九二年）

本章大事件

▸ 妒火中烧
何皇后卷入后宫谋杀案

▸【专题报道】太平道张角势力
如日中天

▸ 临危受命
曹操驰援
骑都尉曹操
奉命急援皇甫孤军

▸ 逆势反击
成功火烧黄巾寨
漂亮破敌
两将因功进封侯

▸ 乡勇兵团
再添生力军
草席刘备
号召乡勇共御黄巾

▸【罗贯中专栏】桃园三结义

▸ 天狗食日
民众惊恐

| 公元一八四年 | 公元一八五年 | 公元一八六年 | 公元一八七年 |

▸ 政府褒奖军功
曹操刘备在列

▸ 监察人员被殴
刘备弃官潜逃
名嘴指证历历
张飞百口莫辩

▸ 乱民长沙群起
太守孙坚荡平
孙坚击溃万名乱民
受封乌程侯

▶ 西园八校尉成立
全归宦官蹇硕统御
新时代新星袁绍曹操
动向备受瞩目

▶ 国家有难
皇甫嵩再出征

▶ 关东联盟成立
袁绍出任盟主
关东诸侯合力对抗中
央政府军

▶ 董卓吕布坐镇洛阳
关东联军毫无行动

▶ 曹操力战　虽败犹荣
联军星散　各怀鬼胎

公元一八八年　　**公元一八九年**　　**公元一九〇年**　　**公元一九一年**

▶ 东汉现任皇帝刘宏驾崩

▶ 何进兵围骠骑府
董重被捕自尽
太皇太后离奇死亡
董氏瓦解何氏独大

▶ 破虏将军孙坚
发威力斩华雄
董卓吕布皆非敌手
孙坚胜利进驻洛阳

▶ 冀幽大战
袁绍斗倒公孙瓒

▶ 大将军请罢中常侍
何太后执意续留用

▶ 袁绍奸计得冀州
韩馥怯懦失性命
公孙瓒沦为他人棋子
心有未甘

▶ 太师权势更上层楼
行头比照皇帝
无敌堡垒粮食可用
三十年

▶ 董卓奉命进逼京师
丁原率军挺进洛阳
何太后屈服
遣散内宫常侍

▶ 刘备建功升平原相
赵子龙加入刘阵营

▶ 猛将吕布身陷桃色
风暴
绯闻女主角为太师
府侍女

▶ 张让挟帝出北宫
深夜常侍投河死

▶ 猛虎落难
孙坚死于乱箭

▶ 普天同庆
流血政变
董卓殒命
王允吕布同掌大权

▶ 大逆不道　董卓谋废少帝
挺身而出　袁绍怒斥出走

▶ 黄巾又起
刺史不敌丧命
陈宫铺路
曹操入主兖州

▶ 通缉犯摇身一变
曹孟德募兵五千

▶ 翻盘急转
李傕郭汜控制中央
长安染血
王允弃市吕布逃亡

公元一九二年

3

年度热搜榜

【东汉·中平元年】公元一八四年

宫廷丑闻

卖官疑云　各级官职待价而沽

一七八年，二十三岁的皇帝刘宏下令在御花园设立所谓的"西园官邸"，将各级官位公开标价出售。其中薪级两千石的中高级职位要价两千万钱，薪级四百石的中低级职位定价为四百万钱，县长的定价则依各县大小与贫富不同而有所差异，有意愿者可自行依财力选填志愿。对于付款方式，除了一次性给付现金外，针对初期资金不足者，更推出优惠分期，所有费用均可在就任后自行想办法筹措，再依原价的两倍偿还即可。不但地方官员的职位可以用钱买到，连中央高级官员的职位也被拿来公开出售，其中三公（司徒、司空、太尉，政府最高级官员）的定价为一千万钱，卿（高级官员）的定价为五百万钱。以上官位虽没有任期的保障，但价格皆经皇家认证，所以有志于官者仍趋之若鹜。

西园官邸拍卖会现场气氛十分热烈

不务正业　皇帝竟设商店街

皇帝刘宏竟于一八一年在后宫开设了一条商店街，令宫女于店中贩卖各式物品。皇帝本人则大玩变装游戏，假扮成商人的模样，混于人群中饮酒玩乐。不过整条商店街管理十分混乱，不时发生斗殴及盗窃的事件。据不愿意透露身份的高层人士表示，皇帝最近不务正业的情形似乎越来越严重，不但在商街厮混，还在西园养狗，玩起赛犬的游戏。更以飙车为乐，时常亲自驾着四只驴拉的车辆驱驰周旋，颇有职业赛车手的架势。而驾驴车的风气，也令首都的上流社会人士争相仿效，使得市场上原本便宜的驴子，售价竟上涨到与马匹相等，令需要驴子从事劳务工作的农工苦不堪言。

皇帝登宝十五周年 天灾异变不止

自一六八年正月二十一日，年仅十三岁，处境贫苦的解渎亭侯刘宏，进宫接任东汉皇帝以来，几乎连年都传出不寻常的灾情与异变，令原本已不甚乐观的政局更是雪上加霜。以下为记者之整理。

- ◆一六九年四月，皇帝宝座上出现一条青蛇，隔天又刮大风，下冰雹，打霹雳，一百多株大树被连根拔起。
- ◆一七一年三月，暴发严重的传染病。
- ◆一七二年六月，首都洛阳大水肆虐，损失惨重。
- ◆一七三年正月，瘟疫再度横行。
- ◆一七三年六月，北海地区地震。
- ◆一七五年四月，各郡及封国共有七处大水酿灾。
- ◆一七五年六月，弘农及三辅两地，出现大群螟虫啃食作物。
- ◆一七六年四月，中央政府因干旱举行大雩（祈雨祭典）。
- ◆一七七年四月，各地严重干旱，有七个州更是受到蝗虫严重的侵扰，作物被啃食殆尽。
- ◆一七七年十月，首都洛阳地震。
- ◆一七八年二月，再度发生地震。
- ◆一七八年四月，又发生地震。
- ◆一七八年四月，皇宫中传出母鸡变成公鸡的奇闻怪事。
- ◆一七八年六月，天空出现一道长十余丈的黑气直坠皇帝的温德殿，形状有如黑龙一般。
- ◆一七八年七月，皇宫中的玉堂后殿出现一道青色彩虹。
- ◆一七八年八月，天空出现不寻常的彗星。
- ◆一七九年春天，又传出瘟疫灾情。
- ◆一七九年三月，京兆地区发生地震。
- ◆一八〇年秋天，酒泉发生地震。
- ◆一八〇年冬天，又有彗星现踪。
- ◆一八一年六月，天空突然降下有如鸡蛋般大小的冰雹。
- ◆一八二年二月，大规模瘟疫。
- ◆一八二年四月，干旱成灾。
- ◆一八二年五月，皇太后居住的永乐宫发生火警。
- ◆一八二年七月，彗星再现。
- ◆一八三年夏季，严重干旱。
- ◆一八三年秋季，金城黄河河水暴涨，附近二十余里的范围尽被淹没。五原山崩。

妒火中烧　何皇后卷入后宫谋杀案

刚产下皇子刘协的王美人于一八一年在后宫被人下毒谋杀一案，相关单位调查后，发现何皇后嫌疑重大。据了解，这当中可能涉及皇室的争产夺权，才导致原本就强妒善忌的何皇后痛下杀手，派人给王美人下毒。对此，皇帝刘宏十分愤怒，原本要将涉嫌的何皇后废黜，但由于周围的宦官不断求情，最终不再追究，而本案也不了了之。

涉案的何皇后拒绝接受媒体采访

物价波动

一八一年正月，马市管理不当，被豪门权贵垄断，导致马匹价格飙涨到每二百万钱一匹。

【专题报道】

太平道张角势力如日中天

今年（一八四年）年初，由于太平道信徒唐周密告，中央政府破获了大规模的武装叛乱团体，并逮捕了太平道大方（起义军指挥官）马元义，随即在首都洛阳以车裂之刑将其处死，同案牵连诛死者多达一千余人。太平道最初为张角于十多年前所创，信奉黄帝及老子，并以妖术、咒语、符水教授门徒并为人治病。由于前来求助的病人偶有痊愈者，经口耳相传，大家便把张角当成神明一般崇拜，慕名而来的信众也就越来越多，其中光是在途中病死的就高达一万多人。后来，其信徒增加到几十万人，遍布青、徐、幽、冀、荆、扬、衮、豫八州，而其中有些地方政府，甚至声称张角以善道教化，为民所归。对于太平道势力迅速崛起的情形，司徒（三公之一）杨赐及司徒掾（司徒府属员）刘陶，就曾先后上书提醒皇帝留意，但皇帝刘宏对此事却一点也不以为意。由于政府的放任与忽视，终于使得张角的势力急速扩张，如日中天的张角，便将全国信众分设成三十六方（武装军事单位），每一大方有一万多人，小方也有六七千人。更以中常侍（皇帝随侍宦官）封谞、徐奉等人为内应，密谋于一八四年三月五日举兵叛变，夺取政权。在马元义被捕后，张角知道事机已漏，便不分昼夜驰敕诸方，全国三十六方同时起兵，并以头戴黄巾为标志，发动全面性军事叛乱。

八州三十六方同时起兵 张角旋风席卷全国

太平道领导人"大贤良师"张角以"苍天已死，黄天当立，岁在甲子，天下大吉"为号召，于一八四年二月全面发动武装暴动。张角自称"天公将军"，其弟张宝、张梁各称"地公将军"及"人公将军"。黄巾军团所到之处，焚烧官署、劫掠城镇，地方政府无力抵抗，各地纷传官员及士兵弃职逃命的事件。不到一个月的时间，天下响应，京师震动。看来，中央政府若再不采取紧急措施，东汉的刘氏政权将岌岌可危。

张角获得民众支持，正式向中央政府宣战

东汉 人事令

命何进为大将军（高级军事将领），封慎侯，率左右羽林军及五营军士布防，以镇京师。命北中郎将（部队指挥官）卢植讨伐张角，左中郎将（部队指挥官）皇甫嵩、右中郎将（部队指挥官）朱儁征讨颍川的黄巾乱党。

东汉　皇帝**刘宏**
中平元年三月

新任大将军何进（前）、北中郎将卢植（后左）、左中郎将皇甫嵩（后中）、右中郎将朱儁（后右）于就职后合影

皇帝语出惊人
"张让是我爹，赵忠是我娘！"
张钧上书检举反被控
十常侍权力到达巅峰

由于皇帝刘宏的过分宠信，赵忠、张让等十二个中常侍（皇帝随侍宦官）玩法弄权，公然受贿，任意诬陷忠良，使得国家陷入前所未有的危机之中，不但政治败坏，更导致民变四起。但皇帝仍相当袒护这些中常侍（皇帝随侍宦官），甚至在公开场合宣称："张让是我爹，赵忠是我娘！"这使得十常侍气焰更为嚣张，并加深了行政官员与府内宦官的紧张关系。日前政府官员张钧对此提出强烈的不满，认为现今天下大乱，黄巾贼起都是肇因于此，并要求皇帝下令处死十常侍以向全国百姓谢罪。但皇帝对此却颇不以为然，竟大怒说："真是胡说八道，难道十常侍中没有半个好人吗？"事后，张钧立刻遭到诬陷，被指控为太平道黄巾军同党而遭到逮捕，事后在狱中被拷打致死。对此，十常侍皆矢口否认涉入此冤狱案。

日前上书批判中常侍专权的官员张钧，被政府以黄巾党人的罪名逮捕

出师不利　朱儁兵败皇甫被围
政府军遭遇黄巾将领波才　情势岌岌可危

奉命征讨黄巾军的左中郎将（部队指挥官）皇甫嵩及右中郎将（部队指挥官）朱儁，率领约四万人的部队，分路征剿黄巾变民集团。其中朱儁的部队与黄巾将领波才所率领的军团遭遇，经过激烈的战斗之后，朱儁政府军为黄巾所败。波才军乘胜将长社一带的皇甫嵩部队包围得水泄不通，由于皇甫孤军无援不得脱出，局势万分紧急。

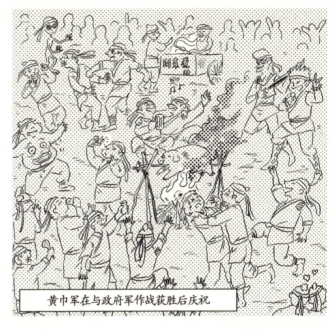

黄巾军在与政府军作战获胜后庆祝

临危受命
曹操驰援
骑都尉曹操　奉命急援皇甫孤军

在朱儁及皇甫嵩军团作战不力的消息传回洛阳之后，中央政府已火速任命现年三十岁的曹操为骑都尉（骑兵队指挥）率兵赴援，以解长社之围。

招募乡勇军
WE WANT YOU!!

黄巾贼四处劫掠，杀人无数，所到之处尽是家破人亡的凄凉景象。此时正是报效国家从军杀贼，建功立业的大好时机。凡成年男丁身强体健者，快向各地州郡政府报名加入乡勇军。待遇优，福利佳，名额有限，欲者从速。

将军怎么了？

听说他立了功。

皇甫嵩火烧黄巾军，建立大功

逆势反击 成功火烧黄巾寨
漂亮破敌 两将因功进封侯

波才所率领的黄巾军团，原本已完全掌控战局，在长社将皇甫嵩的部队团团围住。但左中郎将（部队指挥官）皇甫嵩沉着应变，趁着黑夜风起之时，亲率部众主动出击，纵火焚烧黄巾军以草所结之营帐。这突如其来的举动，完全出乎波才的意料，导致黄巾大军惊慌失措，慌乱奔走。又适逢骑都尉（骑兵队指挥）曹操所率领的援军来到，终于逆转局势，大败黄巾军。突围之后，皇甫嵩及曹操的部队，又与朱儁的大军三路会师，再破黄巾，斩敌数万。在此之后，政府军开始主宰战场，陆续平定颍川、汝南、陈国等三郡，而在此役中表现亮眼的朱儁及皇甫嵩，随后分别被册封为西乡侯及都乡侯。

连战皆捷
卢植俘敌一万余人
卢军猛攻张角军团
黄巾溃败退守广宗

北中郎将（部队指挥官）卢植率兵讨伐黄巾集团首脑张角的行动，日前传出捷报，卢军在一连串的猛攻之后，共计斩杀及俘虏一万多名黄巾军。自称"天公将军"的张角，已率残余部队退守广宗，但目前仍在顽强抵抗。卢军阵营表示，已将广宗城团团围住，并积极构建工事，准备攻城器具，对于情势大表乐观，应可于近日内夺城。

乡勇兵团 再添生力军
草席刘备
号召乡勇共御黄巾

原本在涿县以贩卖草席为生，并自称为中山靖王刘胜后代的刘备，在得到富商张世平、苏双的经济支援后，以关羽、张飞为班底招募了一支数百人的乡勇部队，准备投入围剿黄巾军的作战。刘备表示，初期这支乡勇部队将投靠在邹靖将军麾下，日后的表现则请大家拭目以待。

10

桃园三结义

刘备、关羽、张飞三人于桃园中，备下乌牛白马祭礼等项，三人焚香，再拜而设誓曰："念刘备、关羽、张飞，虽然异姓，既结为兄弟，则同心协力，救困扶危；上报国家，下安黎庶；不求同年同月同日生，但愿同年同月同日死。皇天后土，实鉴此心。背义忘恩，天人共戮。"誓毕，拜刘备为兄，关羽次之，张飞为弟。祭罢天地，复宰牛设酒，聚乡中勇士，得三百余人，就桃园中痛饮一醉。又得中山大商张世平、苏双资助良马五十匹、金银五百两，镔铁一千斤。三人分别打造双股剑、青龙偃月刀及丈八点钢矛，并各置全身铠甲，聚集乡勇，加入讨伐黄巾军的行列。

通告

本专栏作家罗贯中在《三国演义》第一回中，因助理不慎将刘备的户籍年龄误报为二十八岁，已遭相关部门来函警告。

将军奋勇杀贼　不敌阉宦开口
前线惊曝丑闻　左丰索贿不成诬陷卢植

据记者独家取得的第一手消息，由皇帝刘宏派往广宗视察战况的宦官左丰，因向北中郎将（部队指挥官）卢植索取贿赂被拒，回宫便向皇帝诬指卢植无心恋战，整天只躲在营寨之中饮酒享乐，居心叵测，有图谋不轨之嫌。皇帝闻讯后震怒，立即下令将卢植解职，并以囚车押解回首都洛阳，以作战不力的罪名，依军法判处死刑减一等之重刑。另遣东中郎将董卓接管其原属部队，继续对黄巾乱党张角作战。

宦官左丰被狗仔拍到疑似正在向卢植将军索贿的画面

有样学样
五斗米师起兵叛乱

巴郡人张修疑似盗取太平道张角的创意，同样以符咒及法术为人治病。不同的是，病家只需要出五斗米作为报酬，因此张修被人称为"五斗米师"。在聚集了一定的势力之后，张修已于今年（一八四年）七月举起反旗，对郡县发动攻击。虽然政府将其称为"米贼"，以便和"黄巾贼"有所区别，但不论是哪一种盗贼，均已让东汉政府头痛不已。

暂停一下！

咚！

喘~

喘~

喘~

董卓对战黄巾军迟迟无法取得胜利

董卓无法取胜 将受惩戒

今年（一八四年）八月，接替卢植的东中郎将（部队指挥官）董卓，因对战黄巾军团迟迟无法取胜，已被朝廷以作战不力的罪名查办，并另行调派皇甫嵩接手广宗战区，加强对张角军团的攻势。

超厉害！
张角三兄弟死 黄巾军之乱平 皇甫嵩立功受赏

在张角病死之后，黄巾集团由"人公将军"张梁指挥，继续在广宗与政府军缠斗。死斗到十月，黄巾军终于被皇甫嵩所败，张梁也在战场上被杀。被擒杀的有三万余人，另有五万人被逼跳入河中溺毙。先前已经病故的张角则被开棺斩首，首级被送至首都洛阳城示众。皇甫嵩随后乘胜追击，斩杀黄巾党另一重要人物张宝，再破十余万人。对于皇甫军团的杰出表现，皇帝刘宏已下令褒奖，擢升皇甫嵩为左车骑将军（高级将领）兼领冀州牧（地方行政长官）并进封为槐里侯。根据记者的深入调查，皇甫军之所以能战无不胜、攻无不克，和皇甫嵩独特的领导风格有关。"每次出征时，皇甫将军总是等营寨构筑完成才安顿自己，总是等全军都已开动用餐自己才开始吃饭，所有弟兄都发自内心地愿意为将军卖命。"皇甫军团的士兵们如此表示。

听说你们公司什么都送是吧？

BHL

4℃ 冷藏急送

13

自今年（一八四年）十二月二十九日起，年号由光和改为中平，本年度由光和七年改为中平元年，并大赦天下。有关减刑及免罪细则，另由法务部门公告。

东汉　皇帝 **刘宏**

中平元年十二月

张让勾结黄巾无罪　王允得罪宦官入狱

豫州刺史（地方行政长官）王允在黄巾军的大本营中，搜出中常侍张让和黄巾军私相往来的书信后，便立即向上呈报。不过，皇帝刘宏虽然十分生气，但却在对张让怒斥一番后，令人大跌眼镜地不予追究，使得舆论一片哗然。侥幸逃过此劫的张让，事后则挟怨报复，使出诬陷的看家本领将王允逮捕入狱。幸好遇到大赦天下，王允才得以出狱复职，但复职后不过十几天的光景，便又因其他罪名再度被逮捕入狱。

得罪宦官的刺史王允，才刚出狱又再度入狱

年度热搜榜

【东汉·中平二年】公元一八五年

瘟疫肆虐
卫生部门束手无策

今年（一八五年）正月，国内再度暴发大规模瘟疫。据统计，自第十二任皇帝刘宏于一六八年即位以来，这已经是第五次传出严重的疫情了。平均三至四年就会暴发一次的瘟疫，每一次都造成严重的伤亡。政府卫生部门至今仍苦无解决的对策，被传染的人只能在痛苦中慢慢死去。

内宫宦官盗卖已收缴的建材，从中牟取暴利

重大工程弊案
内侍中饱私囊
整修宫殿案压垮各地方政府经济

二月因宫中火灾焚毁部分宫殿，皇帝刘宏乃听从中常侍（皇帝随侍宦官）张让、赵忠等人的建议，提高全国田赋以修建宫殿。据财政部门的估算，每亩田地必须增加的税额大约为十钱，预计将对人民生活造成重大影响。不过，记者在深入调查后居然发现，此项宫殿重建工程竟暗藏重大弊案。实际负责此案的竟然不是工程署的专业官员，而是内宫宦官。他们不但大幅削减各地方政府采购杉木及石材的预算，还在各地将木材送交中央验收时，采取极严苛的标准并百般刁难，导致各州郡政府上缴的木材无法达到规定的数量。然后宦官们再利用这个机会，将原本已验收入库的木材，私下偷运而出，转卖给地方官员以牟取暴利。而地方官员在向宦官们购得"回收"的木材再上缴时，仍旧必须面对验收人员的恶意刁难及克扣，也仍旧必须花大笔的民脂民膏购买"回收再回收"的木材。所以工程开始到现在，在中央政府花了大笔经费，地方政府缴了巨额"赎金"后，府库中的木材数量仍寥寥可数，不但严重短缺，其中多数业已因延宕而几近报废不堪使用。看来这项让宦官们口袋满满的工程，要完工可说是遥遥无期了。

宰相卷入买官风暴 民调暴跌
传闻新任司徒以五百万成交

民调支持度及声望一向居高不下的崔烈，于三月升任司徒（三公之一）一职。但根据可靠消息，继太尉（三公之一）段颎、司空（三公之一）张温以巨款买官后，崔烈亦同样是通过皇帝刘宏的阿保（奶娘）程夫人居中牵线，以五百万钱的高价谋得这一职位。不过，据说皇帝本人对此成交价并不满意，认为此一职位应有一千万钱的价值。消息曝光之后，崔烈在民间的声望一落千丈，令原本的支持者大失所望。而近年来高级官员不断更换，想必已为皇室带来可观的不法收入。

朱儁血战升车骑

在围剿黄巾乱党时，带领部队出生入死的镇贼中郎将朱儁，终于获得拔擢升任右车骑将军（高级将领）。但皇帝刘宏竟接着于六月，以讨伐黄巾有功的名义，下诏将中常侍（皇帝随侍宦官）张让等十二人封为侯爵。此举让所有曾在沙场上流血流汗的军职

宦官内宫坐封侯

人员十分不平，认为如果连深居内宫的宦官都能因军功封侯，那对跟随将领们冒险患难的军中弟兄将如何交代。据了解，此项晋升令已加深了军系和内宫宦官之间的仇视与对立，预料这颗未爆弹在未来将引起一场杀戮危机。

张让等十二名深居宫中的宦官，竟以讨伐黄巾军有功封侯，引起军系将领强烈不满

政府褒奖军功
曹操刘备在列

中央政府对征讨黄巾有功人员，再发出新一波的人事令：原骑都尉（骑兵队指挥）曹操升任济南相（封国的行政长官），乡勇民兵小队长刘备派任安喜县县尉（县武装部队长官），即刻赴任。

左车骑犯小人　中常侍拔大将
皇甫嵩无辜被撤将军职

去年（一八四年）追剿黄巾变民，并斩杀首脑张梁及张宝的大功臣皇甫嵩，突然被东汉皇帝刘宏从前线紧急召回，然后被匪夷所思地以"连战连败，浪费公帑"的罪名，撤去左车骑将军（高级将领）一职，并被削减槐里侯六千户采邑的福利（变相大幅减薪）。不过，记者所得到的资料显示，此案似乎并不单纯。据了解，中常侍（皇帝随侍宦官）张让曾向皇甫嵩索贿五千万钱，但为皇甫嵩所拒绝。而皇甫嵩先前讨伐张角时路经邺县，也发现另一位中常侍赵忠所建筑的豪宅竟然是座违章建筑，使得赵忠的房屋被政府没收。因此，赵忠和张让两人便对皇甫嵩恨得牙痒痒，于是挟怨展开报复行动，不断地在皇帝身旁诋毁皇甫嵩，一直编些有的没的来说他坏话，最后终于使得左车骑将军惨遭被撤职的命运。

立下大功的皇甫嵩无故被皇帝下令召回，原因令人不解

17

监察人员被殴　刘备弃官潜逃
名嘴指证历历　张飞百口莫辩

对于之前安喜县发生的督邮（监察人员）被捆绑及殴伤的事件，在检察机关抽丝剥茧之下，已经证实为县尉刘备所为。报告指出，督邮奉旨核查并淘汰部分因军功获职而不胜任者，刘备担心自己被列在黑名单中，便到督邮下榻的驿馆求见。但督邮却拒绝接见，刘备一时气愤便将督邮捆绑起来，并用鞭子抽打了两百多下，最后再将县尉的官印挂在督邮的脖子上弃官潜逃。目前刘备及其部属关羽、张飞三人已不知去向，对此检方已表达强烈谴责并展开追缉。但名嘴罗贯中日前在某节目中爆料，此暴力事件应是督邮强行索贿不果，图谋对刘备采取不利的手段，张飞在一气之下怒鞭督邮，导致刘备不得已才弃官而去。检方对于罗贯中的这种说法已斥之为无稽之谈，而罗贯中则表示到时会再拿出更多证据来证明自己的论点。

HELP~

三弟呀……这件事你就帮大哥扛了吧……

刘备涉嫌殴打督邮后弃官潜逃，目前已遭通缉

西羌叛变　张温董卓奉命征讨

司空（三公之一）张温被任命为车骑将军（高级将领），带领十万大军并统辖新任之破虏将军（军事将领）董卓、荡寇将军（军事将领）周慎前往镇压西羌的叛乱。据前线传回的战报，政府军初期的战况并不顺利，屡屡为叛军所败。张温对于董卓等人一再失败感到十分不满，已召见董卓并予以当面责备。但据说当时董卓的态度十分傲慢，对于长官的指挥调度及战败责任也是毫不在意，场面一度火爆。传闻，事后随军出征的孙坚曾建议张温以军法严惩董卓，但张温为了顾全大局，并未接受此一建议。

年度热搜榜

东汉 大赦令

自公告即日起，大赦天下。有关减刑及免罪细则，另由法务部门公告。

东汉　皇帝 **刘宏**

中平三年二月

天狗食日　民众惊恐

今年（一八六年）五月三十日发生天狗食日事件，大地瞬间变暗，目睹的民众都十分惊恐，幸好在不久后又恢复正常。但仍有民众因好奇而不顾政府不得窥探天狗的警告，直接观望整个过程，导致双眼被天狗所伤，而有失明的危险。

民间流传的天狗食日图

年度热搜榜

【东汉·中平四年】公元一八七年

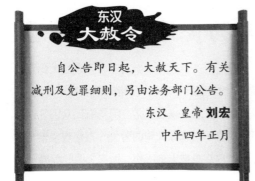

东汉大赦令

自公告即日起,大赦天下。有关减刑及免罪细则,另由法务部门公告。

东汉　皇帝 **刘宏**

中平四年正月

皇室再传卖官丑闻

最近风波不断的皇室,再度传出卖官丑闻,这次的成交行情是以五百万钱买断关内侯的头衔。不过这已不能算是少数个案了,自一七八年皇帝公开在西园官邸拍卖官职,造成轩然大波以来,极富生意头脑的皇帝刘宏,便以频繁地任免高官来为自己创造更多的进账。才刚买到的官职不到几个月就被免职,然后又可以将空缺转卖给另一出高价者,以此手法中饱私囊的数目已无法估算。甚至有传闻说皇帝以贴身宦官为掩护,分别寄存数千万钱在这些亲信家中,又在河间一带购置私人田产,兴建豪宅。本案数年来虽早已风传,但至今尚无任何检察机关敢着手调查。

乱民长沙群起
太守孙坚荡平

孙坚击溃万名乱民受封乌程侯

今年(一八七年)十月,长沙地区向中央政府汇报又有乱民以区星为首领,集结了大约一万名部众群起作乱。为此,皇帝刘宏已把江东悍将孙坚擢升为长沙太守(地方行政长官),并命其迅速压制民变。最近开始崭露头角的孙坚果然不负圣恩,在很短的时间内便击溃了乱民。这次的胜利也为孙坚带来了不少实质上的收获,除了跻身太守级官员的行列,并得到乌程侯的爵位外,军事力量的提升更是不容忽视。

年度热搜榜

西园八校尉成立
全归宦官蹇硕统御
新时代新星袁绍曹操　动向备受瞩目

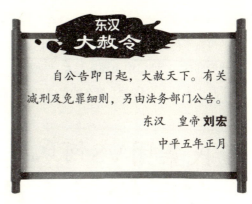

东汉 大赦令

自公告即日起，大赦天下。有关减刑及免罪细则，另由法务部门公告。

东汉　皇帝**刘宏**

中平五年正月

　　鉴于近来社会动荡、民变四起，中央为加强皇城的防卫扩编禁军，并设立西园八校尉（军事将领）来统领禁军。在八月公布的名单中，皇帝特别以其亲信小黄门（贴身宦官）蹇硕为上军校尉，统领整个禁军。除下辖其他七名校尉外，竟然连大将军何进也必须受其节制。这种以下辖上的奇怪编制，显现出宦官们在皇帝身边所占的地位越来越高。而大将军办公室则对此表达强烈不满，舆论相信，何进必将采取更激烈的手段来维护权益。

西园八校尉：上军校尉蹇硕（前排左二）、中军校尉袁绍（前排左三）、下军校尉鲍鸿（前排左一）、典军校尉曹操（前排右）、助军左校尉赵融（后排左一）、助军右校尉冯芳（后排左二）、左校尉夏牟（后排左三）、右校尉淳于琼（后排右）

扩大阅兵 皇帝自称无上将军

法师预言皇宫将发生流血事件 皇帝决定布阵阅兵来破除不祥

御用法师日前大胆预言皇室将有大难，可能会受到大军攻击，并在内城南北两宫发生大规模的流血事件。皇帝为了驱灾避厄，已采用法师提出的无极转运大法，以布阵及扩大阅兵来镇压此股邪气。为此，中央政府已在平乐观建筑了十二层楼高的阅兵台，并征调各地军力数万人，于十月十六日由自称无上将军的皇帝刘宏全副武装亲自主持并完成阅兵仪式。

董氏集团VS何氏集团
太后侄董重升骠骑将军

原职卫尉（警卫指挥官）的董重日前已被晋升为骠骑将军（高级将领）。评论家认为，董重的擢升可能代表董、何两大外戚势力间竞争的白热化。其中，董氏集团以皇帝之母董太后及其侄骠骑将军董重为中心，而何氏集团则以皇帝之妻何皇后与其兄大将军何进为首。

国家有难 皇甫嵩再出征

十一月间，陈仓地区再传事端，变民包围陈仓，由于地方武装部队无力抵抗，所以中央只好起用之前因案免职的"救援王"皇甫嵩为左将军，统辖前将军董卓及四万军兵前往围剿。

年度热搜榜

董卓计拙 皇甫独胜
两人战略观点不同
彼此种下嫌隙

奉命征讨民变的左将军（高级将领）皇甫嵩及前将军（高级将领）董卓，在这次的任务中多有意见相左之处，因此两人之间闹得并不愉快，同时也影响了军心的稳定。军中权威消息人士指出，一开始，皇甫嵩及董卓两人就对于是否该火速救援陈仓一事有不同的看法。董卓认为应该即刻将大军开赴陈仓解围，皇甫将军则认为陈仓城虽小，但壁垒坚实不易攻破，不必急援，等叛军攻到自己精疲力竭时再发动攻击，必可大获全胜。后来果然如主帅皇甫嵩所料，在今年（一八九年）二月时，叛军便自行解围撤退。此时皇甫嵩要下令追击，但董卓又持相反意见坚持兵法上所说"穷寇勿追，归众勿追"的道理，不过皇甫嵩认为目前的叛军气势已衰，只是"疲师"而非"归众"，而且已经濒临瓦解边缘的叛军更非所谓的"穷寇"，于是便命董卓为后卫部队，自己则率领直属军团发动猛攻，果然连战连胜，斩杀叛军一万余人。而战略屡屡错误的董卓则因此恼羞成怒，与皇甫嵩结下不解之仇。

将军，中央高层找你。

就说我不在……

狂妄董卓屡次抗命
虚弱中央束手无策

据记者回报，日前军中传出严重抗命事件，在中央政府发布人事命令，前将军董卓调任为少府（宫廷官员）后，董卓竟然抗命不从，并诿称因属下兵士不让成行所以无法赴任。后来政府由于调动不了董卓，所以只好又另外发布一纸新的命令，让他升任为冀州牧（地方行政长官），并将所属部队移交给左将军皇甫嵩，而董卓却又找借口不交出军队指挥权。对董卓屡次抗命的行为，皇帝已正式下诏予以谴责。

东汉现任皇帝刘宏驾崩

今年（一八九年）四月，近来为病痛所苦的皇帝刘宏，已于十一日在南宫嘉德殿逝世。据闻当时随侍在旁的宦官蹇硕（兼上军校尉）曾在皇帝驾崩后，派人请大将军（高级军事将领）何进入宫商讨机要大事，但何进应邀到宫外时却突然折返住所，并紧急提升大将军府及所辖营区的战备状态，目前详细状况并不清楚，记者将会继续追踪报道。

十四岁刘辩登基
何太后临朝听政

皇太子刘辩于四月十三日正式登位，成为东汉新任皇帝，并尊亲母何皇后为何太后。不过，由于刘辩只有十四岁，还未达到可以自己主政的年纪，所以由何太后临朝听政。同时中央政府也下令大赦天下，并改年号为光熹。刘辩封皇弟刘协为勃海王，擢升袁隗为太傅（皇室首席荣誉教授），与大将军何进共同主持政事。政治评论家认为，何太后与何进掌权之后，与宦官集团之间的政治斗争，将是未来的观察重点。

你照着念就行了！

妈，可是这上面的字……我好多都看不懂……

何太后临朝听政，年少皇帝形同傀儡

蹇硕密屠大将军不果　何进逮捕小黄门处死

大将军府发布的正式新闻稿指出，兼任上军校尉（军事将领）的宦官蹇硕，因密谋叛国及预谋杀害国家大臣，已于四月二十五日遭逮捕处死。报告中指出，蹇硕于先帝刘宏驾崩时，曾打算舍弃皇太子刘辩而另立刘协（勃海王）为帝，为此竟密谋于大将军（高级军事将领）何进（新帝刘辩舅父，何太后兄长）进宫时将其杀害。所幸蹇硕手下的军官潘隐与大将军是至交好友，在宫外迎接何进时以眼神示意，大将军才得以及时脱困不致被害。新帝即位后，蹇硕又写信给中常侍赵忠及宋典，提议以假诏逮捕并谋杀大将军，但赵忠及宋典并

兼任上军校尉的宦官蹇硕因密谋杀害大将军被捕

未接受其提议，反将此信送交大将军府并列为呈堂证供。由于罪证确凿，大将军已命黄门令（宦官总管）将蹇硕逮捕解职并处死，原蹇硕所统率的上军部队全拨归大将军府统领。

两个女人的战争　媳妇何太后占上风

董太皇太后遭弹劾　驱出皇城遣回封国

在政治权力斗争已进入白热化阶段的董、何二后之争终于引爆，于去年（一八八年）晋升骠骑将军（高级将领）的董太皇太后之侄董重，由于得到宦官集团的支持，声势如日中天，屡屡挑战大将军府的权势。而何太后方面亦不甘示弱，近日来展现铁腕魄力，硬是阻断了董太皇太后数次干政。面对媳妇的强势作为，身为婆婆的董太皇太后情绪失控地破口大骂道："何太后如此嚣张，所倚仗的不过是何进而已，哪天我叫骠骑将军董重砍下何进的脑袋，看她还如何神气！"不料这话竟传入何太后耳中，何太后大发雷霆，决定与婆婆摊牌。终于在今年五月初，大将军何进与三公联名弹劾董太皇太后涉嫌受贿及图利地方政府，遂以封国王后不宜逗留京师为由，奏请遣返其回封国。此案已呈何太后批准执行，而董氏集团也立即陷入瓦解的危机。

关于董太皇太后及董重的死因，各界揣测纷纷

何进兵围骠骑府　董重被捕自尽
太皇太后离奇死亡　董氏瓦解何氏独大

何董两大集团的斗争又有后续的发展，在日前将董太皇太后遣返封国后，大将军府又有大动作。五月六日当天，大将军（高级军事将领）何进下令闪电包围骠骑将军府，董重随即遭到逮捕并被直接免职。不久，大将军府的发言人便出面证实原骠骑将军（高级将领）董重已畏罪自杀身亡。但何太后的整肃活动似乎并未告一段落，六月七日又传出董太皇太后暴毙的消息，死因究竟为自杀还是他杀，至今尚无任何政府部门出面说明。此事件已令各界议论纷纷，一般认为，何太后阵营应有相当程度的涉入。

先帝刘宏安葬文陵

中央政府于六月十七日举办庄严隆重的国家典礼，将前任皇帝刘宏安葬于首都洛阳西北方的文陵。但令人意外的是，大将军何进不但没有入宫守灵陪丧，甚至连应该亲送先帝遗体入陵安葬的行程也没有出现。据推测，他可能是担心上次蹇硕密谋行刺的事件重演，所以刻意避开了这两项公开行程。对此，大将军府至今仍保持沉默，并没有发表任何公开声明。

东汉
人事令

皇弟勃海王刘协，改封为陈留王。

命令自公布日起立即生效。

东汉　皇帝 **刘辩**

光熹元年七月

大将军请罢中常侍　何太后执意续留用

何进听从中军校尉（军事将领）袁绍的建议，向何太后要求免除所有中常侍的职务，以免宦官权势过度膨胀，败坏朝纲。但何太后似乎并不赞成此一提议，原因是如果裁撤中常侍（皇帝随侍宦官）的话，那临朝太后便得直接面对男性官员，在礼规上并不妥当。但根据宫内消息，宦官集团早已用重金收买何太后之母及其弟何苗，在此事件上发挥了关键的作用，使得中常侍能够继续留在权力核心。

袁绍提议　征召四方将领施压中央
曹操不屑　认为小题大做后患无穷

以大将军（高级军事将领）何进为首的军系人马，在宫中的势力日益扩张，而于先前游说何太后罢撤中常侍的提议被否决的情势之下，再度做出大动作。据记者所得到的第一手情报，袁绍于高层军事联席会议时提出惊人的看法，建议大将军何进征召四方将领，率领部下兵马向京师挺进，以展现自己的军事实力，用以要挟何太后在铲除宦官这件事上妥协。此语一出，便立刻遭到众人的反对，认为此举无异于引狼入室，到时无法控制必将造成大乱。不过，何进最后仍然决定依袁绍的建议行事。对此，典军校尉曹操不屑地认为："宦官问题古今都有，都是皇帝过于宠信及任意授予大权的关系。要解决此一问题，只需任命一位军法官将元凶首谋逮捕诛杀即可，

袁绍向大将军何进建议征召四方大军进驻京师

何必劳师动众征集地方大军威胁中央。如此一来，宦官群体为了自保一定会做出激烈的反抗动作，我看何进就快要大祸临头了，我将会亲眼看到他的失败。"

董卓奉命进逼京师　丁原率军挺进洛阳
何太后屈服　遣散内宫常侍

呃~谁叫你靠这么近的……

靠近

不就是大将军您吗？

董卓逐步向洛阳城逼近

大将军（高级军事将领）何进不顾众人的反对，下令原本已私自将部队屯驻于河东的董卓率领大军向首都洛阳推进。同时又命武猛都尉（军事将领）丁原等将领打着"诛杀宦官"的旗号，由各路向中央进逼。面对声势浩荡的各路兵马，何太后终于低头，下令将中常侍等所有宦官一律遣散回乡，企图消弭这一波反对的压力。不过目前看来效果似乎有限，各路兵马仍持续向京师逼近，连大将军何进也开始感到疑惧及失控。据军中高层透露，何进已数度派人持皇帝诏书，命各路兵马暂退或原地驻军，但却仍有抗命前进的情况，为此大将军府已着手拟定应对策略。

首都洛阳气氛紧张
何进人事重新布局
袁绍任司隶校尉
王允接掌河南尹

由于各路兵马在大将军（高级军事将领）何进的一声令下后，都已逐渐向洛阳靠拢集结，而宫中的宦官势力则尚未诛灭，所以大将军府已发布新一波的人事布局，企图更严密地掌控首都情势。其中袁绍已经被任命为司隶校尉（监察官），王允则接掌河南尹（地方行政长官）一职。

关系了得!
中常侍再次入宫

先前已拍板定案的宦官罢黜案，剧情竟然急转直下，中常侍（皇帝随侍宦官）再度获得任用，重新入宫盘踞权力中心。相传这一事件的转折点，在于中常侍张让跪求他的媳妇（何太后之妹），希望其能向何太后之母说情，以求能再次入宫。果然何太后不忍拒绝母亲的请求，下诏命中常侍再度入宫随侍。对此大将军府至今尚未表示任何意见，但媒体预料，军方将会展开激烈的行动。

大反扑！ 何进人头落地

　　针对中常侍再度入宫事件，大将军（高级军事将领）何进终于做出了进一步的动作，于八月二十五日前往长乐宫晋见何太后，强烈要求何太后下旨诛杀所有中常侍，但此一动作却也让何进惹来杀身之祸。据悉，中常侍（皇帝随侍宦官）偷听何进兄妹间的对话，发现大祸临头，决定先下手为强，于是暗藏刀斧手数十名于殿门内埋伏，等何进出来之后，又对其谎称太后临时想到有事再度召见。何进信以为真，乃毫无防备地再度入宫，可惜一踏入殿门，便在中常侍张让一声令下后，当场身首异处。接着宦官们把何进的首级扔出墙外，喊道："何进谋反，已遭诛杀！"随后皇宫便紧闭宫门，严加防备，不许任何人进出。

大将军何进遭到宦官诛杀

预言成真
皇城血流成河
尽诛阉宦
共死两千余人

去年（一八八年）御用法师的预言竟然成真，日前皇宫爆发严重流血事件，与预言相合的程度令人惊愕。在大将军（高级军事将领）何进惨遭宦官斩下首级之后，军系人员随即展开大规模的报复行动，虎贲中郎将（部队指挥官）袁术（袁绍同父异母的弟弟）下令纵火焚烧南宫，中常侍张让等挟持皇帝刘辩及陈留王刘协等逃往北宫。司隶校尉（监察官）袁绍等将领则在南门格杀中常侍赵忠后攻入北宫，并下令紧闭宫门，对宦官展开屠杀。许多年少无须的官员都被误认为宦官而惨遭杀害，更有人在情急之下脱去裤子，以证明自己并非阉宦才免于一死。事后估算死亡人数竟多达两千余人，皇宫顿时成为浴血死城。而张让等人目前仍挟持皇帝，困守北宫寝殿，与袁绍等将领对峙。

袁绍攻入皇宫，大开杀戒

张让挟帝出北宫 深夜常侍投河死

围困寝殿的袁绍，终于在八月二十七日攻破北宫正南门，张让等挟持皇帝及陈留王步行逃往黄河沿岸。到了深夜，被政府官员闵贡追到，张让才惊恐万分地抛下皇帝，自行投河而死。于是闵贡便搀扶着皇帝刘辩和其皇弟陈留王刘协，在黑暗中摸索着往皇宫的归途前进。

董卓大军护驾　皇帝惊恐啼哭

经历了整夜惊险逃难的皇帝一行人，终于在八月二十八日找到两匹马代步，而中央诸高级官员也才在此时三三两两地赶到皇城北郊随行护驾。但令人惊讶的是，原本停驻在西郊的董卓部队，竟也在此时现身。面对全副武装的西凉军团，年仅十四岁的皇帝刘辩惊吓得手足无措、泪流满面。官员们见状便以皇帝诏令命董卓军后撤，可董卓不但置之不理，更在讥讽完官员无能后，径自上前参拜皇帝。目击者指出，董卓对于皇帝刘辩在惊吓之余应对失据、语无伦次的表现，竟露出不耐烦的神情，但稍后对于年仅九岁的陈留王刘协有条不紊的应答，却又感到惊喜异常。不过事后董卓阵营对于以上不敬的行为，已经完全否认。

圣驾安然返宫　传国玉玺失踪

丁原接管洛阳警备　董卓大军陆续抵达

在董卓的三千人步骑混合部队护卫之下，皇帝刘辩等人于八月二十八日返回洛阳皇宫，随即下诏大赦天下，改元昭宁。随后在盘点宫廷物品时，却赫然发现皇帝御用的六颗印信中，最重要的"传国玉玺"竟然遗失了，在经过全面搜查后仍未寻获。皇室人员表示，目前最担心的是玉玺已遭损毁，或在混乱之中被人窃走，目前已组成专案小组调查此事。在人事方面，已任命军事实力强劲的丁原为执金吾（皇城警卫官），负责维持洛阳城的治安。而护驾入城的董卓军团，连日来每天早上都有部队大张旗鼓地陆续进城，预估累计兵力已达数万，成为洛阳城中最强大的军事力量。对此现象，负责京师警备安全的司隶校尉（监察官）袁绍和执金吾丁原已密切关注。但根据小道消息，董卓目前进驻洛阳的部队并没有大家想象的那么多，原因是每天早上喧闹进城的兵马，其实都是同一批人，只不过前一天晚上悄悄溜出城，第二天再进城罢了，但这种说法并未获得任何官方证实。

玉玺呢？

31

传国玉玺

传国玉玺即是由"完璧归赵"故事中著名的"和氏璧"制成的。根据古籍记载,春秋时楚人卞和于山中发现一块未经雕琢的璞玉原石,曾先后分别进献给楚厉王及楚武王,但结果都因被御用工匠断定为普通石头,而被判以欺君之罪砍去左右脚。到了楚文王即位之后,卞和仍抱着这块璞石,在荆山下哭了三天三夜,哭到泪水也干了,而流出血水。这件事传到楚文王耳中之后,他才令玉匠凿开璞石,果然璞石内藏稀世珍宝,乃令工匠雕琢并命为"和氏璧"。

后来"和氏璧"辗转到了赵国,当时的强权秦昭王垂涎此玉,便以十五座城池为幌子,欲强行骗取。幸得蔺相如凭机智应对才得以保全此璧,并让秦国没有出兵的借口。但是最后秦始皇统一六国时,仍然得到了梦寐以求的"和氏璧",便命丞相李斯以大篆书写"受命于天,既寿永昌"八字,雕成"传国玉玺",同时诏告天下以此玺为承受天命之皇权信物。

秦灭亡时,末帝子婴将玉玺献给汉高祖刘邦,从此它成了汉朝传位大宝,象征正统的天子地位。但在王莽篡汉时,当时的皇太后一气之下,将玉玺怒掷于地,使得"传国玉玺"自此缺了一角,后来才用黄金镶嵌补饰。随着东汉光武中兴,玉玺再度回到刘氏皇族手中。直到张让挟持皇帝刘辩出城时,才在混乱中遗失此方"传国玉玺"。

东汉 大赦令

自今年（一八九年）八月二十八日起,年号由光熹改为昭宁,本年度由光熹元年改为昭宁元年,并大赦天下。有关减刑及免罪细则,另由法务部门公告。

东汉　皇帝**刘辩**

昭宁元年八月

鲍信提议除董卓　袁绍畏懦失先机

据闻,甫由泰山募兵归来的骑都尉（骑兵队指挥）鲍信认为董卓恐有不轨,建议袁绍趁其未定之时,先下手发动奇袭。但袁绍却因畏惧董卓,而不敢有所动作。鲍信对此感到十分失望,为保留实力,已带着部队返回泰山。

吕布刺杀丁原　董卓实力大增
董卓吞并何进丁原兵团 接任司空

各界在风闻董卓军团陆续进入洛阳城的消息后，都因感受到极度的不安全，而开始产生所谓的"西瓜效应"。其中已故大将军（高级军事将领）何进及其弟何苗的旧部属下，都已经决定归附到董卓阵营之中。不过，董卓似乎对此仍未感到满足，日前便对京城中另一实力派将领丁原痛下杀手。他以重金利诱丁原手下猛将吕布，使其听命于己，然后发动叛变刺杀丁原。而丁原手下的所有部众，当然也就这样归董卓所有。至于吕布，不但获得丰厚的赏赐，更被董卓收为义子，并升任骑都尉（骑兵队指挥），进入了核心集团之中。经过这次重新洗牌，董卓已然成为洛阳城中独大的军阀。在没有任何力量可以与之抗衡的情况下，董卓更肆无忌惮地暗示中央政府，以"久未降雨、天地大旱"的荒唐理由，将原任司空（三公之一）刘弘免职，然后改由自己接任。跻身三公（司徒、司空、太尉，政府最高级官员）之位的董卓，在政治上显露出来的野心，以及扫除异己的残暴手段，已令各方都备感压力。

义父，我已经把前任义父给杀了。

很好，今天起你就是我的乖儿子了。

据闻，董卓以重金和赤兔马收买吕布，并将其收为义子

大逆不道 董卓谋废少帝
挺身而出 袁绍怒斥出走

被讥为政治暴发户的董卓，竟然在宴会场合公开发表大逆不道的言论，提议废黜现任皇帝刘辩，改立皇弟刘协接掌大位。因事涉敏感，此语一出全场静默，只有司隶校尉（监察官）袁绍当场挺身而出予以驳斥。为此两人爆发激烈的言语冲突，几乎刀剑相向。目击者表示，董卓一度手按剑柄，怒斥袁绍说："天下大事都在我的掌握之中，我想做啥就做啥，你是什么东西，敢用这种态度跟我讲话，难道想要试试我的刀够不够利吗？"袁绍也不甘示弱，拔出佩刀指着董卓怒道："哼！你以为全天下就你一个英雄好汉吗？"说完便向在座的诸位官员作揖后愤然离场。稍后，便有消息传出，袁绍为求自保，已留下司隶校尉的印信，出城往冀州而去。

给我滚开!

董卓强力运作，逼迫皇帝下台

变天！
董司空召百官议废立
卢尚书提抗议遭免职

董卓在八月底正式召集文武百官，提议由陈留王刘协继任帝位，但尚书（高级官员）卢植当场表示反对。为此董卓十分愤怒，原本要当场诛杀卢植，后因诸官员求情，才勉强改为撤职。而卢植随后则表示将永远离开政坛，归隐山林。

何太后下诏罢黜亲子刘辩
陈留王刘协九岁继登大宝

今年（一八九年）九月一日，何太后以皇帝刘辩在父丧期间未恪尽孝道及未具帝王应有的仪表为由，下诏罢黜刘辩，降封为弘农王，并改立年仅九岁的陈留王刘协继承皇位。一般认为此案的内情并不单纯，何太后应是受到董卓的强力威胁，才会下诏废除亲生儿子的帝位。更有传言指出，董卓已有计划杀害逊位的刘辩及失去依靠的何太后以绝后患。为此，皇室已考虑增加两人的随扈人数以为应变。

今年就读小学三年级的
刘协接任皇帝

东汉
大赦令

自今年（一八九年）九月一日起，年号由昭宁改为永汉，本年度由昭宁元年改为永汉元年，并大赦天下。有关减刑及免罪细则，另由法务部门公告。

东汉　皇帝**刘协**
永汉元年九月

先被移宫永安　再饮毒酒身亡
享尽权贵　何太后下场悲惨

何太后在下诏废帝后，即被董卓冠以"以媳妇的身份逼迫董太皇太后，致使董太皇太后忧惧而死"的罪名，迁居永安宫。九月三日，何太后被发现中毒陈尸于永安宫中。警方表示，依照现场情况来看，何太后可能是被迫饮下毒酒身亡，而疑似盛装毒酒的瓶子已被列为重要物证，同时也将排查进出永安宫的人以厘清案情。不过目前所有的事证，都指向董卓为此案的幕后主使。

何太后被逼饮下毒酒

董卓声势如日中天
出入加天子仪仗卫队

在政坛上已排除所有的政敌，并完全掌控中央政府的董卓，又于九月十二日自任太尉（三公之一），并兼任前将军（高级将领）、封郿侯，配备代表皇帝的符节、斧钺仪仗及虎贲卫队。

天候异常　大雨连绵

今年（一八九年）从六月开始，一直到九月，各地不断地降下惊人的大雨。许多地区都已陆续传出灾情，即将秋收的农作物首当其冲，严重受创。

董卓大权独揽，就任相国

重大人事变革
董卓位极人臣

今年（一八九年）十一月，中央政府又下令，将董卓升任为汉（西汉、东汉两朝）已三百多年未曾设置过的相国（高级官员）一职，更获得参奏时可以不写姓名、入朝时不必快步前进、上殿时不必解下佩剑也不需脱下鞋子的殊荣及特权。

自即日起，废除光熹、昭宁、永汉三个年号，本年度复称为中平六年。

东汉　皇帝 **刘协**

中平六年十二月

董卓残暴　人民惊恐

董卓在升任相国（高级官员），完全控制中央人事、政治、经济及军事后，已充分显露出凶恶残暴的个性。据闻，曾有一名官员在晋见时忘记先解下佩剑，就被董卓用铁锤当场击毙。同时董卓也放任他的直属部队，在洛阳城内任意进入民宅，强抢财物及妇女，使得京城里的百姓日夜生活在恐怖的气氛当中，谁也不知道下一个受害者是不是自己。洛阳已经成为一个毫无安全可言的城市，居住满意度滑落到谷底。

董卓放任属下强抢民宅，引起人民极度恐慌

为挽回人心　中央政府提新一波人事

袁术曹操弃官而去　相国董卓颜面尽失

在一连串失去民心的暴政后，董卓终于接受幕僚的建议，开始积极拉拢各方有影响力的人士，企图借着人事任命来整合各方势力。其中包括任命之前因废立皇帝案而撕破脸的袁绍出任勃海太守（地方行政长官），将袁逢的嫡子袁术（袁绍弟弟，但袁绍为庶子）升任后将军（高级将领），以及将最近崛起的新星曹操擢升为骁骑校尉（军事将领）。不过，在接获董卓领导的中央政府所发布的人事令后，除了早已出走的袁绍尚未对此做出任何回应外，袁术及曹操都已积极地和董卓集团划清界限，分别弃官离开京城。董卓这次的整合行动虽然

失败，但其军政实力及影响力还是不容小觑，中央政府仍牢牢地在其操控之下，而其统辖的凉州军团仍是目前战斗力最强的一支劲旅。

新任勃海太守　袁绍

新任后将军　袁术

新任骁骑校尉　曹操

就职大典
你说！为什么没半个人来？！他们不知道准备了便当吗？
……

唉？人呢？
早就跑了。
那聘书要给谁？

走开！

无聊！

孟德献刀

曹操有感于董卓欺主弄权，社稷朝夕难保，便向王允商借七宝刀一把，以谋行刺董卓。次日，曹操果然佩带宝刀来至相府。董卓坐于床上，吕布侍立于侧。卓曰："孟德来何迟？"操曰："马羸行迟耳。"卓顾谓布曰："吾有西凉进来好马，奉先可亲去拣一骑赐与孟德。"布领令而去。操暗忖曰："此贼合死！"即欲拔刀刺之。惧卓力大，未敢轻动。卓胖大不耐久坐，遂倒身而卧，转面向内。操又思曰："此贼当休矣！"急掣宝刀在手。恰待要刺，不想董卓仰面看衣镜中，照见曹操在背后拔刀，

急回身问曰："孟德何为？"时吕布已牵马至阁外，操惶遽，乃持刀跪下曰："操有宝刀一口，献上恩相。"卓接视之，见其刀长尺余，七宝嵌饰，极其锋利，果宝刀也；遂递与吕布收了。操解鞘付布。卓引操出阁看马。操谢曰："愿借试一骑。"卓就教与鞍辔。操牵马出相府，加鞭望东南而去。布对卓曰："适来曹操似有行刺之状，及被喝破，故推献刀。"卓曰："吾亦疑之。"遂令遍行文书，画影图形，捉拿曹操：擒献者，赏千金，封万户侯；窝藏者同罪。

吕宅命案 嫌犯锁定曹操
行经中牟大难不死　故人家宅犯下血案

曹操弃官潜逃后，由董卓领导的中央政府果然下令追缉。据小道消息，曹操曾于中牟县短暂现身，并于深夜被当地的亭长（地方行政长官）当成可疑分子逮捕，随即送交县令处置。据说当时某一值班功曹（县政府官员）就已认出曹操的身份，但却不顾政府发布的通缉命令，反而向中牟县令（地方行政长官）建议放走曹操。对于这项传闻，中央政府已积极介入调查，并表示若有此事将严惩相关人员。

此外，调查人员在抽丝剥茧之下，赫然发现震惊社会的吕宅灭门血案，竟与逃亡中的曹操有密切的关系，所有证据都将行凶者指向曹操本人。本专案小组的发言人表示，被害人吕伯奢原本就是曹操父亲曹嵩的旧识老友，可能在曹操亡命的途中接济他，但一番好意最后竟以全家被杀的灭门惨案作为结尾，令人不胜唏嘘。

但引发杀机的说法至今仍众说纷纭，专案小组表示，经调查有以下几种版本：其一为吕伯奢之子及友人欲加害曹操，曹操在反抗中砍杀众人后逃逸；其二为曹操对于吕伯奢一家人的热情招待起疑，认为吕可能会出卖他，所以先下手为强，杀了吕氏全家；其三为曹操夜宿吕宅时，听见吕宅家人磨刀杀猪欲款待他的对话，误以为是要对自己不利，便举刀砍杀众人，待发现铸下大错时已来不及，此时正好吕伯奢外出买酒归来，为免东窗事发只好杀人灭口并逃逸无踪。但是专案小组对于以上三种说法都持保留态度，并无法认定何种说法较接近事实，只表示将持续做深入的追查。

宁教我负天下人　休教天下人负我
名嘴罗贯中涉伪证

针对吕宅血案，检方日前传唤名嘴罗贯中做证。证词中指出：中牟县令陈宫放了曹操之后便跟随着他，一直到吕宅命案发生后才离开，这起血案应是两人共同犯案。罗贯中甚至还指证历历地说，曹操在错杀人命后还亲自对陈宫说："宁教我负天下人，休教天下人负我。"但对于以上的说辞检方并未采信，根据专案小组调查的结果，当时的中牟县令并非陈宫，陈宫也从未跟随曹操逃亡，更不可能会听到曹操告诉他所谓宁负天下人的话。对于罗贯中不实的指控，陈宫表示将保留法律追诉权，而检方则考虑将罗贯中依伪证及妨碍司法的罪名起诉。

通缉犯摇身一变　曹孟德募兵五千

被政府通缉的曹操逃到陈留之后，变卖家产，又得到当地孝廉卫兹的资助，号召了一支五千人的反董卓义军，以其堂弟曹仁、曹洪、夏侯惇及夏侯渊（曹操本姓夏侯，因父亲曹嵩过继为宦官曹腾的养子而改姓曹）为核心班底，并吸收了乐进及李典等人，实力强大，成为正式对抗董卓的第一支义军。而曹操的父亲曹嵩，日前业已变卖巨额家产，往治安较好的地方避难去了。

悬赏

通缉犯曹操画像

已遭通缉的曹操号召了一支五千人的部队，正式向董卓发起挑战

年度热搜榜

关东联盟成立　袁绍出任盟主
关东诸侯合力对抗中央政府军

　　在曹操扛起第一面反政府旗帜之后，关东各州郡长官纷纷响应，包括冀州韩馥、兖州刘岱、陈留张邈及孙坚、袁术、袁绍等军阀都加入关东义军联盟，并已于日前在酸枣一地，召开十七路诸侯联合高峰会，会上共推家世显赫的袁绍为关东联军盟主，正式对中央政府宣战。联军盟主袁绍宣称关东集团军已号召了数十万的兵力，将对董卓所领导的政府展开猛烈攻击。但观察家指出，联军内部仍有待整合，正式作战时能否齐力对外，或各怀鬼胎，都是值得观察的重点。

东汉
大赦令

　　自今年（一九〇年）起，年号定为初平，并大赦天下。有关减刑及免罪细则，另由法务部门公告。

东汉　皇帝 **刘协**
初平元年正月

刘备投靠公孙瓒
逃犯获荐别部司马

　　因殴打督邮一案弃职潜逃的刘备，日前现身公孙瓒阵营，并获荐为别部司马（军官），其部属关羽及张飞也随行在侧。但中央政府对于是否继续追查刘备所涉污辱及殴打监察人员一案，并未做出任何回应。

前任皇帝刘辩被毒身亡
相国董卓卷入谋杀疑云

年仅十五岁的弘农王刘辩（前任皇帝）被人发现陈尸住所，经法医检验死因为饮入毒酒。由于死者身份敏感，调查小组均以侦查不公开为理由，拒绝对外证实任何消息。但据内部消息，调查小组已锁定相国（高级官员）董卓的亲信李儒做深入调查，极有可能是李儒奉董卓之命以鸩酒毒死前任皇帝刘辩。若真是如此，那调查小组势必在侦查上遇到极大的阻力。究竟结果如何，我们拭目以待吧。

今年就要升上高中的前皇帝
刘辩被证实已经死亡

迁都案发酵
处死多名反对官员
董卓铁腕魄力
强力通过议案

相国董卓因关东义军之结盟而备感威胁，故召开高级官员会议，打算将首都由洛阳西迁到长安，但会中却有少数官员坚决反对此案。为此董卓十分生气，已下令解除诸反对者的职务，其中伍琼及周毖等人更于二月十日被逮捕处斩。此举果然达到令人噤声的效果，文武百官人人自危，不敢再对迁都案发出任何反对之声，预计不久将可顺利通过此案，正式迁都长安。

惨绝人寰　　阳城一夕亡城
幸存者指控董相国涉嫌屠杀民众

日前才因斩杀黄巾有功，而大开庆功宴的董卓直属军团，在记者深入调查后，曝出骇人内幕。原来，被用来论功行赏的敌军人头，竟然是假货。当然，人头是真的，但却是从无辜百姓的脖子上砍下来的。根据此次事件的幸存者指控，当董卓大军行经阳城之时，正逢民众举办祭神庆典。谁知原本应该保土卫民的政府军，不由分说，在一声令下之后，竟变成疯狂的杀人机器。欢天喜地的祭典会场霎时变成人间炼狱，城中所有成年男子顷刻间被屠杀殆尽，砍下来的人头被当成叛军逆贼的首级。剩下的妇女及小孩，或被赏赐给官兵为姜，或当成奴隶卖掉。政府军更厚颜无耻地对外召开记者会，宣称在激烈对战中克敌制胜，斩杀大批敌军。此事被曝光之后，如此残忍恐怖的行径，已使董相国的民意支持率跌至谷底。

中央政府正式迁都 处死富豪没收家产

洛阳沦为一片焦土 百万民众狼狈上路

喧嚣多时的迁都案终于在今年（一九〇年）二月十七日无异议通过，中央政府正式迁都长安。董卓更下令逮捕洛阳城中的所有富豪，随意扣上罪名处死，以便侵吞他们的家产，而以此不法手段所获取的财富目前已无法估算。此次迁都，不仅富人遭殃，寻常百姓也一样无法幸免。全洛阳的百姓全部被驱离家园，被迫背着家当徒步迁往三百多公里外的长安城。沿途不但道路险阻，更有政府的官军在后驱

所有的墓都被我们盗光了，接下来呢？

嗯……听说埃及法什么老的墓里有很多宝藏，我看……

董卓不但侵吞富豪的家产，连坟墓中的珍宝也都搜刮一空

赶，以致百姓相互推挤践踏，尸横遍野。董卓又下令焚烧洛阳城，百年古都竟成一片焦土，方圆百里之内没有任何鸡犬之声。不但如此，他更命义子吕布盗掘汉朝历代皇陵及高官的坟墓，以窃取其中的陪葬珍宝。一夕之间，洛阳变成一个不但活人无法生存，连死者也不得安息的废墟。

皇帝长途跋涉终抵长安 王允主政开始建设新都

经过数十日的长途跋涉，东汉第十四任皇帝刘协，三月五日终于在百官的簇拥下抵达长安城。由于相国董卓目前仍驻留在洛阳一带尚未到达，故所有的政府大事都先交由董卓颇信赖的司徒（三公之一）王允裁决。

据了解，甫抵长安的王允已展开一连串的建设，包括整修要用来当作皇帝寝宫的未央宫，以及各级政府官署与一些重大的交通设施等。依照王允的规划，长安将恢复昔日故都的荣光。

袁绍关东兴起　家族遭受株连
董卓处死袁氏家族老少五十余人

连宠物也不放过吗?

没错!

对于袁绍等人竟然敢公开组成联军，在关东一带做出反叛中央政府的行为，相国董卓终于采取严厉的惩罚行动，下令逮捕并诛杀袁氏家族共五十余人。其中不但包括太傅（皇室首席荣誉教授）袁隗（袁绍叔父）、太仆（高级官员）袁基（袁绍堂兄）等高官要员，连还在襁褓之中的婴孩也不留活口。消息传到联军阵营之后，袁绍怒不可遏。除了召开记者会，对董卓不人道的行为予以强烈谴责外，袁绍更表示将对中央政府采取激烈的报复行动。一般认为，若关东联军各将领可以齐心协力，势必带给董卓极大的压力。

袁术表奏任命孙坚

关东联军集团中的将领袁术于日前提出了一份特殊的人事案，表（向中央政府推荐并自行任命）孙坚行破虏将军事（代理破虏将军并执行其职权）并兼领豫州刺史（地方行政长官）。但董卓所主持的中央政府已对此发出正式声明，表示此一任命案完全不合程序，也没有任何法令依据，因为中央政府不可能批准任何反叛组织所推荐的人事案。

董卓吕布坐镇洛阳
关东联军毫无行动

面对关东十七路诸侯联军的强大威胁，相国董卓和手下猛将吕布决定亲自坐镇洛阳。董卓的这步棋果然奏效，已使得联军的诸路将领因慑于其剽悍的西凉军团而不敢有所行动。面对联军这种只敢放话但却不敢发动攻击的作为，联军将领之一的曹操则是深感无奈，认为各路义军在起义的大旗之下，竟然只会互相猜忌而各怀鬼胎，没有人真的敢为天下苍生承担大任。在提出一番义愤填膺的建言之后，曹操便舍弃众人，率兵西向单挑董卓大军。

44

曹操力战 虽败犹荣 联军星散 各怀鬼胎

日前孤军挺进的曹操，在荥阳遭遇董卓手下徐荣的部队，双方发生了激烈的战斗。曹操在奋战了一天之后，不幸被流箭射中，只得趁夜遁走。相较于奋战不懈的曹操，集结于大本营整日饮宴的联军诸将，可说是毫无表现。不但彼此之间互相猜忌、仇视，甚至传出严重的内斗，在粮秣用尽之后，各军便拔营散去。整个讨伐董卓的联合行动，可说是虎头蛇尾，不了了之。

曹操在战斗中受伤，最后在曹洪的搭救下才得脱险

货币政策失败 引爆严重通胀

中央政府在相国董卓的指示下，宣布废止原本流通的五铢钱，而另铸小钱作为官方正式货币。为推行此项新的货币政策，更下令地方政府收集国内各处的铜像等铜制品，将之熔化以铸造钱币。不过中央政府此项货币改革，可以说是完全失败了，已经引发了严重的通货膨胀，导致物价飞涨。其中尤以民生物资最为严重，米粮的价格由原来的每石数十钱翻涨为数万钱，人民苦不堪言，饿死者更是不计其数。

年度热搜榜

【东汉·初平二年】公元一九一年

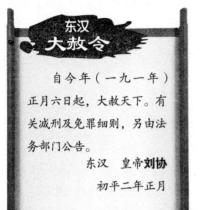

东汉 大赦令

自今年（一九一年）正月六日起，大赦天下。有关减刑及免罪细则，另由法务部门公告。

东汉　皇帝**刘协**

初平二年正月

夺权三部曲最终章
董卓晋升太师

今年（一九一年）二月十二日，由董卓控制的中央政府发布一项重大的人事命令，将原本已官至相国（高级官员）的董卓，再赋予无上荣耀，擢升为位阶更高于各诸侯亲王的太师（荣誉虚衔）。一般认为，这是继董卓在一八九年九月自任太尉（三公之一）并加天子仪仗，十一月再升相国，赞拜不名、入朝不趋、剑履上殿之后，预谋夺取东汉政权的第三部曲。因为太师之位可以说是一人之下，万人之上，再往上一级便是皇帝，而各界也纷纷预测董卓的下一步动作，可能就是要威逼刘协禅让皇帝之位。不过对此说法，太师府已提出严厉的驳斥，至于皇室方面则完全不对此做任何评论。

董卓升任太师，令年幼的皇帝备感威胁

46

破虏将军孙坚
发威力斩华雄
董卓吕布皆非敌手
孙坚胜利进驻洛阳

袁术集团所表奏推荐的破虏将军（军事将领）孙坚，在对抗董卓军团的徐荣失利之后，迅速收拾残部，重新部署，再对东郡发动攻击，并斩杀了敌营都督（指挥官）华雄。由于孙坚战斗力惊人，董卓万分惊惧，立即派出代表向其示好，开出联姻及授官等优渥条件，企图诱使孙坚投向己方阵营，但已被孙坚严词拒绝。孙坚这段时间在军事上的成功，不但造成敌方极大的压力，也造成己方阵营的猜忌。据闻，身为集团负责人的袁术，在作战期间还一度蓄意中断前线孙坚部队的粮草补给。为此孙坚还连夜奔驰六七十公里，回到总部向袁术解释并提出抗议，粮草才得以恢复供应。随后孙坚更在距离洛阳仅九十里处，大败董卓亲统的军团，迫使董卓放弃旧都洛阳，向西撤退，连负责断后的大将吕布，都被击溃而只能狼狈突围。

玉玺再现　各方关切

知名媒体人罗贯中于日前公开在谈话节目中批评孙坚作战不力，并指称斩杀董卓大将华雄的人实为刘备的手下关羽之后，因被网友爆料与事实不符，其公信力遭到各方严重质疑，也导致司法部门积极介入，调查刘备和罗贯中之间是否有不正当的利益输送关系。为了挽回声望，罗贯中日前又爆料称，孙坚在进入洛阳城后，动手整理历经大火摧残的皇室宗庙，并下令以太牢之礼（全牛、羊、猪各一）加以祭拜，结果在水井中意外寻获东汉皇室于一八九年遗失的传国玉玺，孙坚随即将其据为己有。由于罗贯中此次爆料的可信度极高，此一消息也已经引起了孙坚老板袁术的高度关切，频向孙坚索求玉玺。不过，孙坚方面目前为止对此说仍坚决否认。

温酒斩华雄

董卓手下大将华雄斩杀鲍忠，击溃孙坚之后，便引铁骑直逼盟军大营。袁绍曰："谁敢去战？"袁术背后转出骁将俞涉曰："小将愿往。"绍喜，便着俞涉出马。即时报来："俞涉与华雄战不三合，被华雄斩了。"众大惊。太守韩馥曰："吾有上将潘凤，可斩华雄。"绍急令出战。潘凤手提大斧上马。去不多时，飞马来报："潘凤又被华雄斩了。"众皆失色。绍曰："可惜吾上将颜良、文丑未至！得一人在此，何惧华雄！"言未毕，阶下一人大呼出曰："小将愿往斩华雄头，献于帐下！"众视之，见其人身长九尺，髯长二尺；丹凤眼，卧蚕眉，面如重枣，声如巨钟，立于帐前。绍问何人。公孙瓒曰："此刘玄德之弟关羽也。"绍问现居何职。瓒曰："跟随刘玄德充马弓手。"帐中袁术大喝曰："汝欺吾众诸侯无大将耶？量一弓手，安敢乱言！与我打出！"曹操急止之曰："公路息怒。此人既出大言，必有勇略；试教出马，如其不胜，责之未迟。"袁绍曰："使一弓手出战，必被华雄所笑。"操曰："此人仪表不俗，华雄安知他是弓手？"关公曰："如不胜，请斩某头。"操教酾热酒一杯，与关公饮了上马。关公曰："酒且斟下，某去便来。"出帐提刀，飞身上马。众诸侯听得关外鼓声大振，喊声大举，如天摧地塌，岳撼山崩，众皆失惊。正欲探听，鸾铃响处，马到中军，云长提华雄之头，掷于地上，其酒尚温。

48

太师董卓抵长安
白色恐怖再出现

今年（一九一年）四月，被孙坚击退的太师（荣誉虚衔）董卓一行人马，浩浩荡荡地抵达新都长安，所有中央高级官员列队到郊外参拜迎接。董卓随后发布一项新的命令，凡是官民中有为子不孝、为臣不忠、为吏不清、为弟不顺者，皆予以诛杀，财物没收充公。此令一出，立刻引发百姓极度惊惧，一时之间许多人趁机陷害、相互诬告，牵连被杀者数以千计。长安顿时成为人间炼狱，彼此相见，不敢互发一语。

太师董卓强力推行"品德教育"，极具成效

袁绍奸计得冀州　韩馥怯懦失性命
公孙瓒沦为他人棋子　心有未甘

同属关东联军的将领之间，再度传出严重的利益争夺事件。冀州牧（地方行政长官）韩馥因妒忌袁绍之声势日旺，故暗中减少对袁军的粮秣供应，企图削减袁绍的实力。不过袁绍集团也立即有所反应，一方面私底下派人联络北方的公孙瓒，表示欲与其结盟，夹攻冀州并共分其地；另一方面又找人游说韩馥，要其将冀州让给袁绍以避祸。生性怯懦的韩馥害怕遭到夹击，便答应辞去冀州牧一职，并将州牧的印信送给袁绍，然后举家迁出以求自保。于是袁绍便以车骑将军（高级将领）的身份，名正言顺，不费一兵一卒地接收了冀州这块兵强马壮的地盘，成为国内最具实力的军阀。而让出冀州的韩馥，虽然得到奋威将军的空衔，但下场十分凄凉，没有地盘、没有兵卒、没有官署的他，最后仍因过于恐惧而落得自杀的下场。而原本与袁绍讲好共同瓜分冀州的公孙瓒，到最后才发现被摆了一道，白忙一场。于是两人的关系正式决裂。想必在不久之后，袁绍及公孙瓒两大阵营的对决，势必无可避免，而各方也对此持续密切关注。

曹操再建奇功
大破黑山贼十余万

黑山一带的乱民十余万人，强力对东郡展开猛烈的攻击，东郡守军无法抵挡，还好曹操所率领的援军及时来到，击退黑山贼。此役表现抢眼的曹操，获得袁绍表（向中央政府推荐并任命）为东郡太守（地方行政长官）。不过，从曹操随即将郡政府所在地迁到东武阳的举动来看，曹操极可能有脱离袁绍掌控以独立发展的意图。

天象异变　大臣戮死
董卓借故报私仇

太史官（天文官）日前上奏，因发现星象异变，为了避免发生重大灾难，必须有大臣死亡才能顺应天象，化解祸厄。就在报告上呈后不久，卫尉（警卫指挥官）张温便因被人密告暗通反贼袁绍而被绑至闹市，以乱棒打死。熟知内情者皆表示，张温此次遇害应为太师董卓所主使。在一八五年张温任职车骑将军时，曾率领董卓等前往西羌镇压叛乱。董卓由于表现不佳，被张温当面斥责，两人更爆发严重的口角冲突。从此之后，董卓便怀恨在心，此次借着星象异变、当戮大臣的机会，便找人诬陷昔日长官以报旧仇。但太师府已经对这样的指控严厉驳斥，并表示再有媒体继续炒作此话题，将提出加重毁谤的诉讼。

记得去缴罚单哪……

公孙瓒被环保局以污染河川的罪名开单告罚

扫荡黄巾　河水染红
公孙瓒以寡击众
震动天下

流窜在青州地区的黄巾军，最近又死灰复燃，再度纠集了将近三十万的乱民四出劫掠。不但对勃海发动攻击，更准备和河北一带的黑山贼会师。所幸降虏校尉（军事将领）公孙瓒率领两万兵马以寡击众，在一阵冲杀之后，斩敌三万余人，重挫敌军锐气。黄巾军于战败之际惊慌失措，立刻丢弃所有的辎重，只求能抢渡黄河逃命。此时，公孙瓒又趁着敌军半渡，突然发动攻击。卡在岸边的黄巾军毫无招架之力，进也进不了，退也退不得。公孙瓒军有如虎入羊群一般，任意宰杀，再砍下数万颗敌人首级。滚滚的黄河水瞬间被染成一片死红之色，并散发出阵阵的血腥味，令人不寒而栗。黄巾军被俘者多达七万余人，而缴获的武器、车马及财物，更是多到无法估算。此役公孙瓒能成功地以少数兵力，击溃数十万的黄巾大军，不但指挥作战的能力受到普遍的肯定，同时也奠定了自己的威名，跻身豪强之列。

刘备建功升平原相
赵子龙加入刘阵营

投靠公孙瓒阵营的刘备，因表现良好，建立了不少军功，被派任为平原相（平原封国的行政长官）。随往赴任的除了刘备的旧班底关羽、张飞外，尚有新加入的赵云为其带领骑兵部队。

猛虎落难
孙坚死于乱箭

原本为对抗董卓而组成的盟军，因将领之间各怀异心，已然分崩离析，彼此之间明争暗夺，交相征伐。就连袁绍及袁术两兄弟之间也相互攻击，分别在对方背后寻求外力支援。两人之间的阋墙戏码愈演愈烈，袁绍勾结袁术后方的荆州刺史（地方行政长官）刘表，作为牵制，袁术则是与袁绍背后的公孙瓒结盟。袁术不满天下豪杰都归附袁绍，便下令孙坚攻击荆州的刘表，刘表则命部将黄祖迎击。虽然孙坚一开始便发动猛烈的攻击，使得黄祖不敌，数次退败，但后来孙坚却因一时大意，于深夜追击时，在密林中被黄祖所埋伏的部队乱箭射死。消息传出，袁术阵营对于失去麾下最强的猛将大感震惊。观察家认为，各军阀实力间的平衡已起了变化，预料袁术从此以后应再无实力可以对刘表发动攻击。

孙坚家属因理赔问题杠上保险公司

年度热搜榜

【东汉·初平三年】公元一九二年

东汉 大赦令

自今年（一九二年）正月起，大赦天下。有关减刑及免罪细则，另由法务部门公告。

东汉　皇帝 **刘协**

初平三年正月

车骑朱儁反董卓　终告失败 无辜百姓惨遭暴行劫掠

曾因讨伐黄巾建下大功的车骑将军（高级将领）朱儁，于中牟号召各州郡军团领袖，共同讨伐董卓，一时之间多方响应。但董卓政权随即在大将牛辅的指挥下，派遣校尉（军事将领）李傕（音决）、郭汜（音四）、张济等人，率领步骑混合兵团数万人，击败朱儁所率领的军队，并对邻近的陈留、颍川诸县展开大肆劫掠，所过之处，强抢恶夺、奸淫杀戮，人畜无一幸免。

冀幽大战　袁绍斗倒公孙瓒

哈哈！我抢到大旗了。

我抢到公孙瓒的马桶，待会儿去拍卖……

我只抢到拖鞋……

公孙瓒溃败，连营寨大旗都被拔掉

因争夺冀州地盘而结怨的袁绍及公孙瓒两阵营，终于爆发严重的冲突。袁绍亲自领军于界桥之南二十里处设下埋伏，引诱对手展开决战。据战地记者实况连线，挟着去年（一九一年）大破三十万黄巾气势的公孙瓒，眼见袁军的先锋步兵不满千人，而自己领有三万精锐，便挥骑强压。但由麹义所率领的袁军八百名步兵，伏于盾牌之下坚守阵形。等到公孙军冲至只有十余步时，袁军两侧埋伏的强弩部队突然万箭齐发，而麹义的步兵也同时迎击。一时之间，杀声震天，风云变色，公孙瓒反应不及，估计有千余人被斩杀于此次冲突中。公孙部队败退至界桥，企图重新整兵复战，却再度被麹义部队击破，一路溃败，连本营牙门大旗都被拔掉。不过公孙瓒此役虽败，却仍保有一定的实力，一般认为，冀州袁绍、幽州公孙瓒两大阵营的敌对态势，短期之内尚不会有太大的转变。

黑山乱民再起　强攻东武阳
曹操不惧本寨被袭　直取敌营奏效

之前已被曹操击垮的黑山乱民死灰复燃，再度纠众壮大，利用东郡太守（地方行政长官）曹操驻军顿丘的机会，在暴民首领于毒的策动下，强攻东郡政府所在地的东武阳。曹营闻讯后，所属幕僚及将领均强烈建议应立即发兵以援东武阳，但曹操却有自己的看法："你们提出的意见很好，但这个时候如果我们率军直接攻击黑山贼指挥部的话，于毒一定会撤军回防，那时东武阳之危便不救自解。倘使于毒仍不回军的话，我们便攻陷他们的根据地，如此一来，于毒更没有力量取下东武阳了。"果然，于毒在听到消息后，便立刻放弃对东武阳的攻击，匆忙后撤。曹操军团挺进内黄后，便挥军大破黑山贼以及另一支匈奴部队，给了地方反叛势力致命的一击。

一人得道　鸡犬升天　董卓家族个个拜官封侯

根据中央政府人事部门的资料，太师（荣誉虚衔）董卓家族中最近升官封侯的频率及比例高得离谱。政府各部门要位中，皆充斥着太师宗族亲友，而且是直接空降。其中太师弟董旻更被破格擢升为左将军（高级将领），侄子董璜也被任命为中军校尉（指挥官），以便太师府能更确实地掌握兵权。而最令政治评论界为之不齿的是，太师董卓众多妻妾侍女所生的婴孩，虽然还在襁褓之中却都分封侯爵。而象征荣誉及权力的金印及紫带，竟成为婴孩手中的玩具。对于以上情形，目前最高权力机关太师府已下了封口令，所有官员禁止对此发表意见，而官方也一直不愿具体地回应此一问题。

这批官印是给小baby的，要通过认证才行。

最近铸发的一批侯爵金印，未能通过安全玩具认证

53

太师权势更上层楼　行头比照皇帝
无敌堡垒粮食可用三十年

太师（荣誉虚衔）董卓日前已高调地将自己所用的车辆、服装及所有配备与排场，都提升成和皇帝相同的等级。不只在形象上大改造，在政治实务上，也将所有权力抓握得更紧。根据可靠的消息，中央政府各部门长官已收到命令，所有决策都必须亲自到太师府汇报并听取指示。此番变动，无疑使原有的政治运作模式完全瓦解，而皇帝权力被架空的状况亦更显得雪上加霜。而太师董卓在郿坞所兴筑的巨型城堡业已完工，此座城堡不只墙高七丈，连厚度也达七丈，其防御力远超过国家标准值。其中所储备的粮食，更可供全城消耗三十年无虞。太师在接受专访时便表示："大事若成，我便雄踞天下；万一不成，我也可以据守在此坞（城寨）中安享晚年。"

猛将吕布身陷桃色风暴　绯闻女主角为太师府侍女

周刊记者直击吕布与太师府
侍女私下幽会，状似亲密

负责太师侍卫队的中郎将（部队指挥官），也是太师义子的吕布，近日为绯闻所困扰。据某八卦报社所刊载的消息，吕布和太师府的侍女发生恋情。对于此女的身份，各方揣测纷纷，但名嘴罗贯中近日又于节目中爆料，女主角名为貂蝉，是一位绝色美女，同时也是太师董卓的宠侍。但记者实地走访太师府人事部门，不论正式雇员或聘任、派遣人员名单中，皆无名为貂蝉之女子。一般认为，罗贯中此举，又是为了抢版面、提高订阅率，并不足采信。另外，据太师府流出的消息，日前太师董卓曾为某事对吕布大发雷霆，甚至气到随手拿起利刃向吕布丢去。身形敏捷的吕布在躲开后，一再请罪道歉，太师才平息怒火。但所为之事是否与吕布的绯闻有关，并无法获得证实。

吕布与貂蝉

王允预备佳肴美馔，候吕布至，延之上坐。酒至半酣，允曰："唤孩儿来。"少顷，二青衣引貂蝉艳妆而出。貂蝉送酒与布，两下眉来眼去。又饮数杯，允指蝉谓布曰："吾欲将此女送与将军为妾，还肯纳否？"布出席谢曰："若得如此，布当效犬马之报。"允曰："早晚选一良辰，送至府中。"布欣喜无限，频以目视貂蝉。貂蝉亦以秋波送情。布欣喜无限，再三拜谢而去。

过了数日，允趁吕布不在侧，伏地拜请董卓赴宴。次日晌午，董卓来到，堂中点上画烛，止留女使进酒供食，令貂蝉献舞。允曰："允欲将此女献上太师，未审肯容纳否？"卓再三称谢，允即命备毡车，先将貂蝉送到相府。允亲送董卓直到相府，然后辞回。乘马而行，不到半路，只见吕布骑马执戟而来，厉声问曰："司徒既以貂蝉许我，今又送与太师，何相戏耶？"允曰："太师曰'今日良辰，吾即当取此女回去，配与奉先'。"布乃谢去。

次日，吕布在府中打听，侍妾对曰："夜来太师与新人共寝，至今未起。"布大怒，潜入卓卧房后窥探。时貂蝉已起，于窗下梳头，忽见窗外池中照一人影，正是吕布。貂蝉故蹙双眉，做忧愁不乐之态，复以香罗频拭眼泪，布怏怏而出。董卓自纳貂蝉后，为色所迷，月余不出理事。

月后，董卓入朝议事。布执戟相随，

你这不要脸的家伙，敢抢我的女人！

见卓与献帝共谈，便乘间提戟出内门，上马径投相府来。提戟入凤仪亭，寻见貂蝉，泣谓布曰："妾此身已为太师所污，不得复事英雄，愿死于君前，以明妾志。"吕布慌忙抱住，泣曰："我知汝心久矣。"两个偎偎倚倚，不忍相离。董卓在殿上，回头不见吕布，心中怀疑，连忙辞了献帝，登车回府。见吕布和貂蝉在凤仪亭下共语，画戟倚在一边。卓怒，大喝一声。布见卓至，大惊，回身便走。卓抢了画戟，挺着赶来。吕布走得快，卓肥胖赶不上，掷戟刺布。布打戟落地。卓拾戟再赶，布已走远。

由董卓尸体制成的特大号人体蜡烛，共燃烧了一天一夜，主办单位已经正式提出吉尼斯世界纪录之申请

流血政变董卓殒命

今年（一九二年）四月，皇帝刘协因大病初愈，将于未央殿会见文武百官时，竟然发生了流血政变。东汉政府实际掌权者太师董卓，被负责护卫的中郎将（部队指挥官）吕布刺杀身亡。而司徒（三公之一）王允和吕布随即控制了局势，接掌政权。据了解，吕布极有可能是因为之前私通太师府侍女的事东窗事发后，生怕遭到报复，因而决定与反董卓的王允等人联手叛变。都城的人民闻讯，不但没有任何惊恐之意，还欣喜若狂，妇女们纷纷卖掉珠宝华服，换取酒肉在街上互相庆贺，整座城市人山人海，宛如热闹的嘉年华，狂欢的程度远超过跨年晚会。但并不是

王允吕布同掌大权

所有人都乐意见到这样的政变，之前晋封高官将领的董卓之弟董旻、侄子董璜，以及所有董姓家族的人，都被他们的部下杀死，与城中的欢乐气氛相比，董府可以说是人间地狱。散落各处的董氏一族尸体，还被集中起来烧成灰烬，扬弃于道路。而董卓本人的下场更为悲惨，不但肥胖的尸体被拖到市场展示，还因天气炎热而肥油满地，被看守尸体的人插了一根巨大的灯芯在肚脐中，燃烧了一天一夜。策划此次政变的司徒王允，随后也立即接管所有政府部门，并擢升负责行动的吕布为奋威将军（部队指挥官）、封温侯，享有政府官员中最高的权力与地位，与王允同掌国政。

学者蔡邕枉死狱中
重要史书功亏一篑

以研究汉代历史学闻名的学者蔡邕（音庸），在参与司徒府宴会时，只因听闻董卓被杀的消息而不自主地发出一声惊叹，便被司徒（三公之一）王允以叛国的罪名当场逮捕入狱。此一行动，引起学界及司法界一片震惊及愕然，普遍认为有政治迫害之嫌。对此，司徒府发言人随后提出解释，之所以认定蔡邕为国家叛逆，乃是因为其心怀董卓之旧恩，未能于此关键时刻与国家同感愤慨，竟为董卓之死而伤痛。蔡邕本人虽然矢口否认自己有背叛国家或袒护董卓的行为，不过在律师的建议下，仍希望通过认罪协商，以黥首（在脸上刺字）刖足（砍断双脚）取代死刑，以期能完成当代重要历史文献的最后部分，但此提议已被正式驳回。学界及各派人士史无前例地发起跨界联合，极力奔走，通过各种渠道营救蔡邕，希望能为其平反，或免除其死刑，以便完成百年来最重要的史学巨著。不过司徒王允已发出严正声明，强烈表示司法机关应维持独立审判，不该受到外力的干预与影响，但在声明中又以个人立场主张应处死蔡邕。根据了解内情的人士透露，王允之所以坚持将蔡邕处死，可能是因为有许多政治内幕及丑闻为其知悉，为免这些黑暗面呈现于史册之中，才痛下杀手。

黄巾又起　刺史不敌丧命
陈宫铺路　曹操入主兖州

青州黄巾势力再次兴起，袭击兖州一带。兖州刺史（地方行政长官）刘岱在奋战中不幸被黄巾所杀，军民群龙无首，士气低落，陷入前所未有的危机。最近迅速崛起的东郡太守（地方行政长官）曹操，便利用此一机会，派遣部属陈宫前往兖州政府周旋，分析利害，成功地说服各级行政官员，支持曹操入主兖州，接任刺史一职。曹操到职后，便对黄巾军展开攻击，但因青州黄巾人数众多又骁勇精悍，政府军实力与其相差悬殊，所以一接触便尝到败绩。不过曹操马上加强对军士的训练，严明罚赏，又灵活用兵，出其不意，终于扭转劣势，多有斩获。黄巾军不敌，终于败走，而兖州得以不再受黄巾侵扰。

兖州刺史有两个
曹操打跑金尚

　　依据东汉皇帝刘协所发布的人事命令，应由金尚继任战死的刘岱所遗下的兖州刺史一职。不过金尚空有一张派任状，而实际状况却是曹操掌控了兖州的主导权，并已自任刺史。金尚在赴任的途中，遭到曹军的强攻猛打，只好逃走，前往投奔袁术。经济学者认为，曹操在取得兖州为主要根据地之后，实力必定大增，未来值得关注，其相关概念股也成为重要的投资标的。

将军，这人事令上不是您的名字……

呆子，还不知道修正液是做什么用的吗？

曹操自任兖州刺史

王允一意孤行　引爆危机
蔡邕效应发酵　董卓旧部展开复仇戏码

　　在董卓死后，其原来率领的凉州军团的诸部旧属个个惶恐不安，将领们人人自危。他们生怕会受到牵连，于是只得拥兵自重，以静观局势的变化。开始时，吕布曾向王允提出建议，表示应将董卓的旧部将领全数捕杀，以杜绝后患。但王允认为这些将领罪不至死，所以并没有接受这样的提议。不过王允也不肯爽快地颁发大赦诏书，宣布这些将领无罪，以安定军心，而是异想天开地想以和平又合理的手段来解决问题，于是便下令解散凉州军团。只是这样的举动，反而使得凉州军团的将领们更加猜疑，并传言说："当时蔡邕只因得到董卓的礼遇，便惨死狱中。我们是董卓的旧日部属，如今不但得不到可以保命的赦令，又要将军队解散。我看，只要今天解去了军权，明天我们便成了别人桌上的鱼肉。"在没有退路的情况下，董卓旧部将领之间相互结盟，率领残军数千人向首都长安挺进，准备孤注一掷，设法攻入京城争取主控权。凉州军团一面前进，一面集结失散的官兵，到达长安城时，人数竟已高达十余万。但由于墙高城峻，无法进攻，只得暂时将长安城团团围住，看来一场恶战恐将无法避免。

翻盘急转
长安染血
李催郭汜控制中央
王允弃市吕布逃亡

　　为数十几万的凉州军团，在围攻长安城行动的第八日，终于有了进展。吕布属下的部分官兵叛变，打开城门让敌人长驱直入。凉州军声势之大，连善战的吕布也无法应付，仅能带领数百名骑兵，将董卓的人头挂在马鞍上，突围逃走。董卓昔日部将李催、郭汜进城之后展开疯狂屠杀，政府官员与无辜的平民百姓被杀害的超过一万人，长安街上堆满尸体，有如炼狱坟场一般。第二天，皇帝刘协随即下诏大赦天下，免除叛军所有刑责，并擢升李催为扬武将军（军事将领），郭汜为扬烈将军（军事将领）。司徒王允及其妻儿也都在这场流血政变中被处决，王允的尸体更被丢弃在市街广场示众。

吕布在李催、郭汜大军进城时突围而去

四处流亡 吕布投靠袁绍
人事异动 西凉小将掌权

李傕、樊稠、郭汜三人于皇宫前合影留念

吕布从长安城逃出之后，先往南阳投奔袁术。一开始袁术对其颇为礼遇，但吕布却纵容士兵恣意劫掠，引起袁术不满。他只好再转而投靠河内太守张杨，但这时李傕等已掌控政府，遂将吕布列为十大通缉要犯之首，并高额悬赏。因情势过于危急，吕布只好再狼狈地潜逃到冀州投靠袁绍。

自六月政变以来，中央政府高层人事异动频繁。八月，车骑将军皇甫嵩升任太尉（三公之一）。九月，李傕升为车骑将军（高级将领）兼司隶校尉（监察官）、假节（持有符节代理皇帝行使部分权力），郭汜升为后将军（高级将领），樊稠升为右将军（高级将领），张济升为骠骑将军（高级将领），四人皆封侯爵，并由李傕、郭汜、樊稠共同管理政府事务。十月，荆州刺史（地方行政长官）刘表因派使节到长安进贡示好，擢升为镇南将军（高级将领）兼领荆州牧，并封为侯爵。十二月，上任不久的太尉皇甫嵩遭到免职，这位扫荡黄巾不遗余力的将军，在此画下其政治生涯的句号。

曹操获得青州兵团助力后，战斗力大幅提升

曹操崛起
青州精锐军团加持

在兖州站稳脚跟，自任刺史的曹操又有惊人的突破。原本令人头痛的青州黄巾军，在曹操不断的追击之下，为数三十余万的武装部队竟然全数投降，连同一百多万名眷属，一同并入曹操的势力之中。曹操将为数众多的人口安置之后，又从中挑选了精锐战士组成"青州兵团"，加上本部原有军队，已形成一股强大的新兴势力。

第二章

官渡大战　曹操称雄

（公元一九三年～二〇〇年）

▶ 凉州军团内斗　情势紧张
李傕挟持皇帝　郭汜扣押大臣

▶ 险中用兵　曹操夺回兖州
走投无路　吕布投靠刘备

▶ 意外脱身　皇帝离开京城
路线之争　天子绝食抗议

▶ 惊觉失策
李郭打算再挟至尊
狼狈不堪
皇帝携臣千里奔逃

▶ 大好时机
智囊提议迎奉天子
不为所动
袁绍否定沮授建议

▶ 行事怪异　公孙瓒离心离德
无敌堡垒　对外完全隔绝

▶ 经年血战
千里资源消耗殆尽
握手言和
袁绍公孙结为亲家

▶ 为报父仇
曹操血腥屠城
化身魔王
百姓无辜惨死

公元一九三年	公元一九四年	公元一九五年	公元一九六年

▶ 驰援徐州升刺史
刘备跻身高官阶层

▶ 挚友的反叛
曹操后防空虚
张邈陈宫阴结吕布

▶ 吕布曹操血战
典韦勇猛无敌

▶ 幸运之神眷顾
曹操死里逃生

▶ 天降幸运
刘备独得徐州

▶ 恩将仇报
吕布刘备主客易位

▶ 曹军抵达洛阳
掌控中央政权

▶ 移驾许都
曹操挟天子以令诸侯

▶ 政治婚姻
袁术吕布将结亲家

▶ 刘备受困求援
吕布神技解围

▶ 贪恋女色
　曹操被袭长子身亡

▶ 袁术登基
　自立仲氏皇帝
　不被看好
　多人拒绝入伙

▶ 仲氏部队大军压境
　吕布策反重挫袁术

▶ 司空曹操亲征
　大破仲氏袁术

▶ 袁术吐血身亡
　宝玺重归中央

▶ 贾诩怒斥袁绍使者
　张绣决意归入曹营

▶ 纵虎归山
　刘备脱离中央监控

▶【罗贯中专栏】
　曹阿瞒许田打围
　董国舅内阁受诏

公元一九七年　　　公元一九八年　　　公元一九九年　　　公元二〇〇年

▶ 吕布袁术大复合
　刘备出逃妻儿被俘

▶ 惊天兵变
　吕布丧命
　陈宫慷慨赴刑场
　张辽臧霸归曹营

▶ 大将军再攻幽州
　公孙瓒坐困愁城

▶ 刘备大败逃逸
　关羽被俘投降

▶ 一战成名
　关羽万军之中斩颜良

▶【罗贯中专栏】
　关云长过五关斩六将

▶ 霸王陨落！
　孙策打猎遇刺身亡
　小弟孙权接管江东集团

▶ 奉命前往汝南
　刘备摆脱袁绍

▶ 曹操亲骑夜袭
　火烧乌巢

▶ 受人诬陷
　张郃高览无奈叛变

▶ 既往不咎
　曹操下令焚毁官员通敌
　信件

63

年度热搜榜

【东汉·初平四年】公元一九三年

东汉 大赦令

自今年（一九三年）正月一日起，大赦天下。有关减刑及免罪细则，另由法务部门公告。

东汉　皇帝**刘协**

初平四年正月

曹操势不可当 袁术转进寿春

去年（一九二年）才刚增编数万精锐青州兵的曹操阵营，不断地扩张势力范围，目标直指袁术。袁术部队虽然在日前得到黑山贼的一支以及匈奴人的加盟，但仍然不是曹军的对手，几次接触，均以落败收场。从封丘、襄邑，一直败退至宁陵，最后只得转入九江、阴陵，在没有退路的情况下，袁军只好转而对寿春发动攻击，夺取扬州刺史（地

由记者所在的直升机航拍画面可以清楚地看到，曹操的青州兵团已经冲散了袁术部队。

LIVE

袁术将军，请问您是被曹操打败才撤退到这里来的吗？

乱讲！谁说我被打败了，我只是不想打而已！

方行政长官）陈瑀的地盘。陈瑀自认不是对手，只好出逃，袁术便占领寿春。虽然在军事方面没有占到太多利益，但在政治资源上，袁术却颇有斩获。日前中央政府方面已正式发布人事令，擢升袁术为左将军（高级将领），封为阳翟（音宅）侯，并可持符节代理皇帝行使部分权力。对于此项人事布局，传闻是目前掌控中央政府的车骑将军（高级将领）李傕为了笼络袁术而以皇帝之名所为。但评论家同时也认为此项示好实质上并无太大大意义，对双方的合作仍不看好。

经年血战　千里资源消耗殆尽
握手言和　袁绍公孙结为亲家

近年来一直存在利益冲突的袁绍与公孙瓒两大阵营，彼此间征战不休、血战连连，几乎耗尽了所有可掠夺的资源，千里之内连野草都被啃食殆尽。而除了本部军团的征战外，袁绍所任命的青州刺史（地方行政长官），也就是自己的儿子袁谭，与公孙瓒任命的青州刺史田楷之间，不但互不承认，还爆发了激烈冲突。不过这混乱的局面日前似乎出现转机，因中央派出使者前来调解纷争，两大阵营间竟握手言和，并且通过儿女间的联姻结为亲家，签订停火协议，各自退兵。这对幽冀两州的人民来说，是开春以来最大的好消息，相关各股也以翻红收市。

公孙瓒和袁绍结束连年血战，结为儿女亲家

天气异象

据相关部门所发布的讯息，今年（一九三年）六月，光是陕西境内就传出两起天气异象，令当地的百姓感到无比的惊慌失措。一个消息是扶风地区竟然从天降下为数不少的巨大冰雹，令许多人走避不及，在毫无防备的情况下造成意外伤害，已有多人头部遭受严重的伤害，目前仍在医院观察。所幸的是，农业方面并没有受到太大的影响。而另一个消息是，作为武林人士的论剑场而闻名的华山，竟然也惊传崩裂走山的现象。据记者实地察看，该处地表已破碎不堪，至于原因则众说纷纭，有待进一步查证。另外，连续二十天日夜不断的超大暴雨，已对民众生命及农作物造成严重威胁，放眼望去，一片汪洋，损失难以估计。

吕布遇袭　质疑袁绍黑手操控

冀州牧（地方行政长官）袁绍扫荡乱民的行动又有重大进展，大军横扫朝歌鹿肠山一带，对其基地及山寨展开攻击，一连斩杀乱民数万人。不过，在常山却遭遇黑山乱民的强烈抵抗，乱民头目张燕会同匈奴人及乌桓部落数万精兵及数千战骑，与袁绍及吕布的联合部队展开会战。血战十余日之后，虽然张燕的部队伤亡惨重，但袁绍的军队业已疲惫不堪，于是双方各自退兵，为战事画下休止符。不过，在袁绍及吕布的首度合作中，也出现了警讯。由于吕布的部将凶暴蛮横，无法节制，引起袁绍的不满。吕布发现苗头不对，知道无法再于袁绍阵营久留，便请求返回洛阳。袁绍遂趁势承制（以皇帝名义发布）吕布为司隶校尉（监察官），并派遣随扈部队护送。但在途中却传出随扈人员于半夜突击吕布寝帐的消息，只是吕布早已事先逃走，所以突击行动并无所获。袁绍阵营虽然极力与此次事件撇清关系，但各界均认为应是袁绍暗地操控。事发隔天，袁绍方面便下令关闭城门，以防止吕布的报复突击。不过据了解，吕布在此次事件中也受到惊吓，可能会往河内投靠张杨。

幽州风暴　公孙瓒逼死州牧刘虞

近来不论民调指数还是施政满意度皆名列前茅的幽州牧（地方行政长官）刘虞，由于和当地军阀公孙瓒之间积怨已久，两人不断地向中央互相指控彼此的罪行。日前，刘虞因公孙瓒屡屡违令，又时常侵扰百姓，终于忍无可忍，决定发兵征讨。不过因为州政府的部队平常一向没有严格的训练，而刘虞本身又不想人民受到伤害，于是便下令要求军队作战时不可纵火焚烧，也不要妄杀无辜，只要杀公孙瓒一人。但这样的命令却使得军队处处受限，完全无法发挥战力，结果公孙瓒反而纵火反击，并击溃州政府军，生擒了刘虞及其家眷。不过碍于刘虞乃是一州之牧，公孙瓒有所顾忌而未痛下杀手，便将他当成橡皮图章，命令他乖乖地在公文上署名。一直等到中央政府因别的事派使者前来幽州时，才诬告刘虞有叛国之罪，使得刘虞及其家人于闹市中被斩，身首异处。这个消息传开后，幽州各地的人民都感到十分悲痛，认为司法不公，审判者已被政治恶势力所操控。

早就沦为橡皮图章的刘虞终被公孙瓒害死

66

曹操为报父仇，竟然对无辜百姓展开疯狂屠杀，死亡人数估计数十万。现在荧幕上的档案照片为曹操去年万圣节恶魔的角色扮演，似乎已经隐约可以嗅出杀人魔王的味道。

为报父仇曹操血腥屠城 化身魔王百姓无辜惨死

兖州刺史（地方行政长官）曹操的父亲，也就是曾经担任太尉（三公之一）的曹嵩，在避难的途中惨遭杀害。据了解，曹嵩原本因为徐州治安良好，所以选在其境内躲避兵灾。但是后来曹操和徐州牧陶谦之间，产生了一些军事上的摩擦，所以曹操便派部下前去将曹嵩接出来，而陶谦在道义上也派遣部将护送曹嵩出境。不过由于曹嵩生活实在是太过奢华侈靡了，连逃亡时也带着他的亿万家产。其中光是装载金银珠宝、绫罗绸缎的车子，就超过一百辆。如此高调的行径，在负责护送的陶谦部下眼里，简直就像是送上门的肥羊。于是陶谦部下便临时决定在途中夺财害命，然后逃之夭夭。曹操在听闻父亲的噩耗之后，把这笔账全算到陶谦头上，便发动大军向徐州作报复性的攻击。大军一出，接连攻下十几座城池。随后在彭城与陶谦的主力部队会战，以优势的骑兵武力，彻底地击溃了以步兵为主的徐州兵团，而陶谦也只好逃回徐州政府所在地郯城躲避。这时，因为父亲惨死而失去理智的曹操，竟然为了报仇，把几十万的百姓赶到泗水边展开大屠杀。据记者亲眼所见，男女老幼的尸体堆积如山，泗水也因之堵塞。后来曹军无法攻破郯城，便退兵转而攻陷取虑、睢陵、夏丘等城。城破之后，再次大规模屠城，连鸡犬牲畜都不放过，各城尽成废墟，完全不见人踪。曹操此举已引起民间强烈的谴责，而曹营也拒绝对外发表任何言论。

年度热搜榜

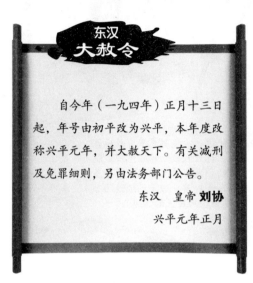

东汉 大赦令

自今年（一九四年）正月十三日起，年号由初平改为兴平，本年度改称兴平元年，并大赦天下。有关减刑及免罪细则，另由法务部门公告。

东汉　皇帝 **刘协**

兴平元年正月

皇帝行成年元服大礼 生母终得正名安葬

正月十六日，皇帝刘协年满十四岁，依传统举行元服（成年加冠）之礼。二月时，皇帝刘协的生母王美人，终于在死后十几年，得到正名，称为灵怀皇后，并依礼改葬皇室墓园。一八一年时，王美人在产下刘协之后，即被善妒的何皇后下毒杀害，事后尸体被草草安葬在洛阳城外。这次，皇帝借着相关单位奏立长秋宫（皇后）的机会，将生母正名安葬，可说是了却一桩埋藏多年的心事。

驰援徐州升刺史　刘备跻身高官阶层

由于徐州受到曹操疯狂的报复攻击，陶谦只能死守最后根据地郯城。在情势十分危急的状况下，便向公孙阵营的青州刺史（地方行政长官）田楷求援，田楷收到告急书信后，便带着平原相刘备前往支援。刘备在得到陶谦拨给他协防的四千人之后，加上自己带来的本部几千兵马，实力大为提升，于是便离开田楷归附到陶谦阵营，陶谦也立即表奏刘备为豫州刺史。这项任命，虽然不是由中央政府发出的，也没有实质的领地，更不能对豫州行使任何统治权，但此一头衔，已让刘备晋升到高级官员的阶层。一般认为，这对卖草席出身的刘备来说，是非常关键的一步，其后续发展十分值得观察与期待。而真正由中央政府任命的豫州刺史郭贡，则发表声明，强烈质疑刘备担任豫州刺史的合法性，并保留法律追诉权。

这是我的新名片，请多指教……

豫州刺史 刘备 玄德

韩遂马腾起兵反　中央竟下诏赦免

　　西方惊传军队叛乱事件，马腾与韩遂联手出兵攻击政府军，发生严重冲突。据记者走访，此事件的起因，乃是马腾因私事有求于掌控政府的车骑将军（高级将领）李傕，结果未能如意，于是便举兵准备对中央发动攻击。连皇帝派出的使节，也无法调解二人之间的纷争。韩遂听到消息后，也领兵前来劝和，结果却被马腾说服而一同起兵。不过，在第一波交锋后，政府军便取得优势地位，叛军只好退回凉州。而李傕在评估敌我实力之后，认为若叛军卷土重来自己也将受到严重打击，于是便以皇帝的名义赦免马腾等人，再任命马腾为安狄将军，韩遂为安降将军，暂时稳住西线局势。

挚友的反叛
曹操后防空虚　张邈陈宫阴结吕布

　　就在曹操倾大军血洗徐州之时，后方却发生重大变故。一向颇受信赖的挚友张邈与部属陈宫，竟然背叛曹操，迎接吕布入主兖州。曹操得到消息后，下令大军火速撤回，希望能夺回失地，稳住兖州这块得来不易的根据地。据不愿透露身份的人士表示，张邈在年轻时便喜好行侠仗义，那时袁绍、曹操就已经和他有不错的交情。后来袁绍担任关东联军盟主时过于骄傲，被张邈严词批评，袁绍便要曹操杀了张邈，但曹操决意不肯。后来曹操要出征时，也曾告诉家人，此去若无法生还，可以前往投靠张邈。战事结束后，曹操与张邈相见时还相对而泣。交情如此深厚的朋友，如今竟然背叛自己，相信曹操心中应该受到极大的伤害。

张邈，你居然劈腿……

张邈背叛挚友曹操，投向吕布怀抱

政府人事大混乱　三公权力遭架空

五月时，中央政府发布人事命令，升郭汜为后将军（高级将领），樊稠为右将军（高级将领），都开府仪同三司（官署编制等同三公），与司徒、司空、太尉，及李傕的车骑将军并称为六府，同时都参与官员的推荐与任免。此举大大地破坏了东汉长久以来的官制，造成权力及人事上的极大混乱。李傕、郭汜、樊稠这批西凉军团出身的将领，不顾政治局势及人事的适才适所，每次人事会议都坚持任用自己提名的人选，稍不如意，便当场翻脸、威胁恐吓。相关单位没有办法，最后只得依其提名来任命官员，司徒、司空及太尉（皆为三公）所拟的人选，反而被搁置一旁。

干旱特报
粮价飞涨　饥民相食　中央赈灾惊传官员舞弊

今年（一九四年）的旱季特别长，从四月一直到七月，天空未曾降下半滴雨。所有的农作物都严重歉收，导致粮价飙涨，每一斛米已经涨到五十万钱，远非一般百姓可以购买。由于人民无粮可食，不但连树皮野草都被啃光，在首都长安，更传出烹食人肉的惨事。鉴于事态严重，皇帝下令打开皇室粮仓赈灾，将谷仓中的米豆熬煮成稀饭供灾民食用。但灾民饿死的消息仍不断传出，皇帝怀疑中间有官员舞弊，便下令取米、豆各五升在御前熬煮，竟然只煮出两碗稀粥。皇帝震怒之下，当场杖打负责官员五十大棍，并下令严加追究。在政府难得的大动作抓弊之下，灾民终于全数得到赈济，暂时得以保命，但如果老天继续不下雨的话，可能就不是开仓赈灾可以解决的。

中央赈灾传出官员舞弊牟利，灾民分到的食物少得可怜

70

典韦在此战役中奋力冲杀，宛如电影《第一滴血》的情节再现

吕布曹操血战　　典韦勇猛无敌

　　兖州根据地被夺的曹操，迅速回调大军，向吕布占领的濮阳进兵。曹操一到濮阳，便亲率一支人数不多的精锐部队为突击队，向吕布驻屯于城西的机动部队发动夜袭，并成功地将其歼灭。吕布震惊之余，也料定曹操必亲自领军，故立即率领大军连夜追击曹军的突击队。到清晨时吕军终于赶上，爆发了激烈的冲突战，一直打到黄昏，双方的死伤都非常惨重。曹操方面因为兵少无法脱困，便紧急募集敢死勇士以求突围。司马（军官）典韦率领着只有数百人的敢死队，全力向敌阵冲锋，企图杀出一条血路。但敌军的强弓劲弩不断袭来，将典

韦部队的去路截住，并逐步缩小包围圈。典韦无视敌军的箭如雨下，下令全队匍匐于地，等待吕布军逼近。他告诉左右说："等敌军接近到十步的距离时再告诉我。"等到敌军距离十步时，又说："五步时告诉我。"当左右高喊只剩五步时，典韦便持武器大喊而起，有如天神战将般向前冲杀，所到之处敌军无不应声倒地，未受波及的则是拔腿就跑。吕布军被典韦这么一搞，阵脚大乱，包围圈出现了个大缺口，曹操便领军趁着刚暗下来的夜色突围而去。此役典韦表现勇猛无敌，立下大功，事后立刻受到拔擢，升为曹操的亲侍卫长。

幸运之神眷顾　曹操死里逃生

说！曹操在哪里？

在……在那边！

心虚

曹操被敌军所擒却意外逃过一劫

曹操在惊险突围之后，立即重新整兵再攻濮阳。不过这次他得到城中的大户田氏作为内应，田氏将东城门打开让曹军得以进入。据目击者表示，曹操一入城后，便下令放火焚烧东门，以示不得此城不退出的决心。不

过，吕布在智囊陈宫的建议下，似乎早有准备，就在城内对曹军展开围剿。曹操在事后接受专访时表示，在混战之中，他其实已经被吕布军团中的一位军官抓住，只不过这位军官竟然不认得曹操，还反问他："曹操在哪里？"被逮的曹操急中生智，顺口就答："前面骑黄马正要逃走的就是曹操。"于是这位军官便放了真正的曹操，去追赶那个骑黄马的人。意外逃过一劫后，曹操看情势不对，便在大火中从东门纵骑而出，虽然得以脱身，但左手也在此过程中被烧伤。最令人感到惊讶的是，曹操在接连两次挫败之后，一回到大营便宣慰各部以稳定军心，同时下令迅速制造攻城武器，马上又对吕布展开攻击，完全掌控了战场上的主动权。目前两军正在对峙当中，记者也会针对战况继续做追踪报道。至于传闻中那位放走曹操的军官，吕布阵营也在追查，不过目前为止似乎没有人承认。

天雷轰击　全城大火　益州政府被迫搬迁

益州政府所在地绵竹，因雷电引发大火，全城灾后有如废墟一般。益州牧（地方行政长官）刘焉只好下令将政府搬迁到成都。不过就在迁移过程中，刘焉可能过于劳累，致使背疮发作感染，最后竟不治身亡。益州政府官员认为刘焉的儿子刘璋性情温和软弱，容易操控，便共推刘璋接任益州牧。虽然中央政府原本已正式任命别人接任益州牧，但迫于现实考量，只好重新任命刘璋为益州刺史，领益州牧。

天降幸运　刘备独得徐州

　　甫加入陶谦阵营的刘备，意外得到大奖。徐州牧陶谦病重身亡，临终前交代部属糜竺说："除了刘备，没有人可以保全徐州了。"于是糜竺便率领州政府官员及士绅大姓，前往迎接刘备。不过刘备对这突如其来的安排也颇感意外，一再推辞，谦虚地表示自己实在没有能力可担此任。在陈登及孔融的强力劝说之下，刘备终于答应接受这样的安排。而刘备在短时间内提升到领有几万兵马的州级实力，除了本身的努力外，似乎更得到老天的眷顾。但这样的结果，在费尽心血想夺得徐州的曹操，和不费吹灰之力取得徐州的刘备之间，也投下了不可预知的震撼弹。两人之间关系的变化，还有待观察。

江东虎父无犬子　小霸王孙策表现亮眼
尽开空头支票　袁术允诺未能兑现

　　江东猛虎孙坚之子孙策，在父亲战死后三年，只身前往寿春拜见袁术，请求归还孙坚死后所遗之旧部。但袁术并未答应这位年仅二十岁小将的请求，仅允许孙策在其舅父所辖之丹阳一带招兵买马，重新出发。就在招募了数百人时，孙策意外遭到敌人袭击，几乎丢了性命，于是只好重回寿春求见袁术。袁术才把孙坚之前所遗下的部队一千多人交还给孙策，并表其为怀义校尉（军事将领）。孙策有了属于自己的武装之后，以严明的管理迅速建立起自己在军中的威望。对于袁术所交付的许多军事任务，都圆满地完成，也赢得小霸王的称号。虽然孙策已经在战场上证明了自己的实力，但袁术似乎不打算让他有太大的发展空间，几次在作战前答应让孙策当九江太守（地方行政长官）、庐江太守，但一得胜便另任他人，孙策只落得空欢喜一场。

如果你这次打赢了，就让你升官……

哼，鬼才相信！

为了避免雇主像袁术一样不履行对员工开出的承诺，政府将推动定型化契约

年度热搜榜

【东汉·兴平二年】公元一九五年

凉州军团内斗　情势紧张
李傕挟持皇帝　郭汜扣押大臣

　　自李傕、郭汜、樊稠三人掌控中央政府以来，关中地区即陷入一片愁云惨雾之中。由于李傕等人放任所属的凉州军团任意劫掠，加上作物歉收、饥馑频传，这一原本富裕的地区，竟传出人民互相杀害烹食的骇人新闻。而三人之间不断相互夺权，紧张程度也随之迅速提升。就在今年（一九五年）二月，李傕便下手在会议中刺杀樊稠。樊稠死后，余下的李傕、郭汜二人仍是相互猜忌。郭汜在一次宴会中有呕吐症状，便怀疑是李傕从中下毒。于是双方开战，连皇帝都无法劝阻。根据记者的深入追查，郭汜之所以会怀疑李傕下毒，乃是因郭、李二人尚未翻脸之前，郭汜常在李府饮酒过夜，郭汜的妻子听说自己的丈夫和李府的侍女有暧昧关系，不愿郭汜再前往李傕家中做客，便在某次李傕送来的礼物中混入豆豉（豆类发酵食物）冒充毒药。从此以后，郭汜便开始提防李傕，而中

这些人干吗都被关在这儿啊？

八成是全班集体作弊被老师抓包了吧……

大臣无端遭到郭汜扣押当成人质

毒事件也成为双方火拼的导火线。原本郭汜打算将皇帝挟持到他的军营中，但不慎消息走漏，便让李傕捷足先登，他在三月二十五日，派出数千人的武装部队强行进入皇宫，将皇帝以及宫廷的金银珠宝全都运到自己的营寨之中。而且皇帝才刚出宫门，士兵们便开始抢夺剩下的宫廷器物及宫女，又放火将皇宫、各级官府建筑以及附近民宅都烧成灰烬。郭汜见李傕抢了先机，便趁诸大臣前来调停时，将司空、太尉（皆为三公）等数十名政府高级官员扣押下来当作人质。而昔日荡平黄巾之乱的英雄朱儁，也在这批落难大臣之中，由于其个性刚烈、气愤难忍，竟然病发去世。

东汉
大赦令

　　自今年（一九五年）正月十一日起，大赦天下。有关减刑及免罪细则，另由法务部门公告。

东汉　皇帝 **刘协**

兴平二年正月

宫廷血战 犹如黑道火并

四月二十五日，李傕、郭汜双方又发生激烈战斗。郭汜亲率部队乘夜色强攻大营门口。一时之间箭如雨下，不但射中皇帝御帐，还贯穿李傕的左耳，不过后来李傕的部下杨奉又率兵击退郭汜。为免皇帝被抢走，李傕当天便把皇帝刘协迁移到北邬（营寨）之中，命人严加把守，完全隔绝皇帝对外的联系。不久之后，随侍皇帝的官员们因缺乏饮食而面有饥色，皇帝便要求李傕提供一些米及牛肉，但李傕却故意只

不给面子 皇帝调解无效

送来几根发臭的牛骨头。皇帝大怒之下原本要责问李傕，但在左右力劝之下，为顾及自身的安危，也只好忍气吞声就此作罢。后来，皇帝又派出使者前往调解二人，一开始郭汜打算接受调停，但李傕自认有皇帝这张王牌在手，坚持不肯停火，双方再度陷入僵局。随后，李傕便以皇帝的名义，任命自己为大司马（高级军事将领），权势大于三公（司徒、司空、太尉，政府最高级官员）。

皇帝被李傕挟持，连饮食都受到严苛的控制

75

险中用兵 曹操夺回兖州
走投无路 吕布投靠刘备

刘备老弟，老哥我专程来看你了。

是走投无路才来的吧……

吕布被曹操打败，转而投奔刘备

去年（一九四年），曹操与吕布两军在濮阳对峙一百多天之后，刚好碰上严重的蝗灾，附近的作物都被蝗虫啃食一空，民间饥荒四起。吕布军因为粮草耗尽，又无法就地取得粮食补给，所以只好向东退至山阳。而曹操部队也因该地蝗灾肆虐，不适屯兵，索性下令退回甄城。事隔一年之后，已经养精蓄锐的曹操再度起兵攻打屯驻巨野的吕布部将。吕布闻讯率兵前往救援时，却在中途遭到曹操的伏击而败走。不过吕布毕竟不是简单人物，很快便会合了陈宫的兵士，重新整编成一万多人的队伍，然后立刻反击已夺下巨野的曹操。由于曹操没有料到敌军会来得如此突然，所以早已将大部分的部队都派出去收割麦子，身边所留下的兵马不到千人，而且城寨并不牢固，根本没有办法据守。这时，曹操一面派人去把割麦的部队紧急调回，一面观察地势。他发现城寨西边有一座大堤，南边则是一片茂密深广的树林，于是便故布疑兵，将手上一半的部队隐藏在堤后，另一半则列阵于营寨之前。吕布率队进到巨野之后，一见曹操兵少，便下令轻装的兵马立刻发动攻击。只是两军才一接触，曹操设于堤后的伏兵便从旁杀出。吕布的先锋部队两面受敌，顿时自乱阵脚，慌乱后撤，也打乱了主力军的部署。曹操则趁势指挥步骑并进，一鼓作气，奋力击溃了敌军，直追到吕布退入营寨才引兵而还。吕布遭此挫败之后，自认不是曹操的对手，怕敌军再度来袭，便连夜拔营带着残部逃走了。曹操召回收麦的部队后，乘胜追击，将吕布的势力一一驱逐，并派兵屯驻各县，重新夺回整个兖州的控制权。而走投无路的吕布，只好如丧家之犬一般，可怜兮兮地前往徐州投靠刘备，暂时求得安身之所。

长安拼斗数月终于停火　双方送出女儿互为人质

李傕和郭汜在长安城中的火并行动，在持续了数个月，造成一万多人死亡之后，李傕的部下杨奉叛变，导致实力下滑，于是李傕终于开始考虑和谈。皇帝也趁机派出使者，往返两边不厌其烦地游说。在使者往返十数次之后，李郭双方终于首肯停火，并交换儿子互为人质。不过李傕又舍不得交出他的宝贝儿子，使得停火协议一直无法生效。直到李傕阵营中的胡人佣兵离去，导致其力量更为衰弱，他才肯改为互相交换女儿，达成停战协议，并允许皇帝离开长安城。

……

爸爸你太偏心啦……为什么是我去当人质不是哥哥……

李傕终于决定将女儿送去做人质，与郭汜和谈停火

意外脱身 皇帝离开京城 路线之争 天子绝食抗议

七月时，大汉皇帝刘协终于得到机会，离开西凉军团相互火并的血腥之城长安。皇帝一行刚出护城河，随扈官兵便兴奋地高喊"万岁"。皇帝也随即发布新一波的人事令，擢升从弘农来调解争斗的张济为骠骑将军（高级将领）、开府仪同三司（官署编制等同三公），郭汜升车骑将军（高级将领），杨定升后将军（部队指挥官），李傕的叛将杨奉升兴义将军（部队指挥官），又任命已故董太皇太后的侄子董承为安集将军（部队指挥官）。皇帝车驾原本打算前往弘农，但握有兵权的郭汜途中又改变主意，想要挟皇帝前往高陵。皇帝刘协坚决不从，并采取绝食的方法抗议。郭汜在不得已的情况之下，只好暂时答应先前往最近的县城，再做打算。到了新丰，郭汜仍然想要强迫皇帝依照自己规划的路线前进。但消息意外走漏，杨定、董承、杨奉等各路兵马都向新丰集结。郭汜发觉情势已非自己所能掌控，便抛弃部队，自行逃入山中了。

惊觉失策
狼狈不堪

李郭打算再挟至尊
皇帝携臣千里奔逃

哇！皇上的船好像开走了！

那我们怎么办……

啊……追兵就快杀到了……

皇帝渡河展开逃亡，随行人员大多无法跟上惨遭毒手

李傕、郭汜在皇帝脱离自己的掌控之后，忽然惊觉自己失策，于是便又相互联手，打算抢回皇帝这张王牌。这时，张济与杨奉、董承之间又发生摩擦，导致张济加入李傕、郭汜阵营，共同追击护送皇帝的杨奉、董承部队。双方最后在弘农东部的山涧中交战，杨奉、董承等护驾军团大败，百官与士卒死伤不计其数，御用物品、符节、重要档案也全都遗失不见。皇帝刘协只好狼狈逃亡，露宿于田野之间。董承、杨奉自知不敌，只好假意先与李傕、郭汜和解，再暗中派人召请白波军李乐、韩暹、胡才等部前来助阵。几天后，数千名白波援兵杀到，和杨奉、董承的部队合击李、郭联军，斩杀了数千人。于是皇帝在董承、李乐的保护下继续逃亡，而由胡才、杨奉等部队负责断后。但李傕率军追击，击溃了断后部队，造成远比弘农东涧之役还多的死伤人数。而随护在皇帝周围的部队，因为遭受重挫及兵士逃散，这时的总人数竟然只有不到一百。晚上扎营的时候，李傕、郭汜的大军围绕着营寨鼓噪呐喊，所有官兵都吓得面无人色，纷纷想各自逃散。皇帝趁着夜色，想要带着皇后及高官等数十人偷偷地登船渡河，但被其他人发觉。于是所有的人都争先恐后攀附渡船的船沿，使得船身几乎倾覆。董承、李乐等便不停地砍击，所有扒在船沿的手指瞬间都变成断指，堆满了整个船舱。岸边不及登船的宫女及官员百姓，都遭到乱兵的疯狂掠夺。不但衣物被抢夺，连头发也被扯掉，冻死溺毙的不可计数。皇帝渡过河岸之后，逃到大阳，御驾暂时进驻李乐的营寨之中。

窘……天子落难
破屋中开朝会

皇帝暂时安顿之后，河内太守（地方行政长官）张杨随即派人背着米粮前来进贡，接着河东太守王邑也奉献一批绸缎布匹。于是皇帝便下令擢升张杨为安国将军（部队指挥官）、封王邑为列侯，拜救驾有功的胡才为征东将军，三人皆假节（持有符节代理皇帝行使部分权力）、开府仪同三司（官署编制等同三公）。于是一时之间利用各种名目

前来求官拜职的各路将领不计其数，连正式的官印都来不及刻，只能临时以铁锥刻画。据记者现场目击，皇帝暂居的地方十分破败，四周只有篱笆围着，连大门也没有。当朝天子和群臣只能露天召开会议，旁边还会有不相关的士兵趴在围篱上观看，嬉笑打闹，皇室尊严荡然

无存。皇帝不得已，只好派人向李傕、郭汜等讲和，商请将被扣的公卿百官及宫女侍从，与御用器具服装等送还。但过了不久，先前各处进贡的粮食耗尽，无米可食，宫女们只好外出采摘野菜野果充饥，皇室呈现前所未见的凄凉景况。

大好时机　智囊提议迎奉天子
不为所动　袁绍否定沮授建议

根据派驻袁绍阵营的特约记者所传回的最新消息，因目前皇帝落难在外，所以袁绍特别召开了参谋会议，以讨论是否要迎奉天子。会议中，袁绍的智囊团队为此事争论不休。其中，沮授认为目前正是天赐良机，应该将皇帝接到邺城，然后挟天子以令诸侯，

畜士马以讨不庭，则霸业可成。不过郭图、淳于琼等人则持相反意见，认为一旦在天子脚下，必定动辄表闻，从之则权轻，违之则拒命，到时必定会受制于人。虽然沮授据理力争，袁绍最后仍然决定再作观望，暂时不采取任何行动。

所向无敌　孙郎威名远播
军纪严明　百姓热烈拥戴

孙策得到老板袁术的批准之后，仅带领着一千多名步卒及数十名骑兵，便从寿春南下，增援江南。等到达历阳时，沿途号召的兵士已增加到五六千人。于是便挥军接连攻下横江、当利等地，将樊能、张英等据地为营的军阀驱走。又顺长江而下，沿途兵锋所及，可谓是无人能挡。接着拔除扬州刺史（地方行政长官）刘繇手下的诸员大将，缴获许多军械物资，并直指曲阿的刘繇大寨。不过，就在孙策只带领十三名部将查探战场时，却意外遭遇了刘繇阵营的侦察小组。虽然这个小组只有两人两马，但小组长面对孙策以及韩当、黄盖等十三名猛

孙策受到百姓热烈欢迎，拥有大批粉丝

将，竟毫无惧色，拍马冲锋，便要擒拿孙策。孙策也挺身迎战，一枪就刺中这个小组长的坐骑，并夺取他挂在脖子上的手戟。不过与此同时，孙策的头盔也被夺去。就在两人缠斗不已时，双方的援军赶到，才各自撤退。据随军记者深入了解，刘繇阵营中这名英勇的侦察小组长，名叫太史慈，目前在军中的职位虽低，但其未来的发展颇值得注意。孙策探清情势之后回到营中，便立刻调兵遣将，对刘繇大寨发动攻势。几次冲杀之后，很快击溃了敌军的主力部队，逼得刘繇慌忙撤军遁逃。孙策的部队自出兵以来，一向以纪律严明著称，所过之处绝不侵扰百姓。和其他军队动辄劫掠的情形完全不同，就连鸡犬菜茹，都一无所犯，所以很得人民的欢迎。孙策进入曲阿后，又立刻开榜安民，对于敌军旧部一律既往不咎，同时招募兵马。不像大部分的将领会强拉兵夫，孙策在布告中明白表示："如有自愿从军者，可以免除家中所有的差役赋税。不愿从军者，亦不勉强。"消息一宣布，不到十天的时间，孙策便集结了两万多名兵士以及一千多匹战马，声威震动江东。

太史慈酣斗小霸王

孙策披挂提枪上马，引程普、黄盖等共十三骑，上岭探看敌军刘繇营寨。但伏路小军早已飞报刘繇，太史慈便自告奋勇，偕同另一小将前来捉拿孙策。孙策探完正要回马，只听得岭上叫："孙策休走！"回头见两匹马飞下岭来。策将十三骑一齐摆开。太史慈高叫曰："我乃太史慈，特来捉拿孙策。你们哪个是孙策？"策笑曰："只我便是。你两个来拼我一个，我不惧你。我若怕你，非孙伯符也。"慈曰："你便众人都来，我亦不怕。"纵马横枪，直取孙策。

两马交锋百多回合，战到平川之地，离众将已远。此时策一枪搠去，慈闪过，挟住枪。慈也一枪搠去，策亦闪过，挟住枪。两个用力一拖，都滚下马来。两人弃了枪，揪住厮打，战袍扯得粉碎。策手快，掣了太史慈背上短戟，慈亦掣了策头上的兜鍪。策把戟来刺慈，慈把兜鍪遮架。忽然刘繇领一千兵马杀到，程普等十二骑亦冲到，二人方才收手。刘繇大军与程普十二骑混战数回，幸得周瑜领军来到，双方冲杀一阵，各自收兵。

羊皮狼连续诈骗　人面兽心杀人狂
笮融玩火终自焚

之前大肆兴建佛寺，吸引了五千多户信众迁聚的宗教界名人笮（音责）融，其歹毒的行径终于在日前曝光。每年浴佛节时，总是以天文数字的经费摆出绵延十几里流水席的笮融，已被证实在督导广陵、下邳、彭城三郡的粮运作业时，将所缴得的物资全数据为己有，挪用兴建佛寺以及办理相关佛教活动的经费。笮融在曹操攻击徐州的时候，带着跟随他的一万多名信众前往广陵避难。广陵太守（地方行政长官）赵昱将其奉为上宾，像款待活佛一样款待他，把他照顾得无微不至。但是笮融看到当地物阜民丰之后，学佛之人竟起了贪念，在宴席中设下埋伏，将赵昱谋杀了。又下令士

毫不手软！

笮融连续犯下多起诈骗杀人案件

兵大肆劫掠，将广陵的物资洗劫一空。然后渡过长江，又以同样的手段在秫陵杀了当地官员薛礼。后来扬州刺史（地方行政长官）刘繇命令笮融率兵支援豫章太守朱皓，笮融果然又使诈杀了朱皓，并夺取他太守的职位。不过这次东窗事发，被惹恼的大老板刘繇便出兵攻击笮融。笮融溃败之后逃入山中，结果被当地的人民所杀，结束了他宗教外皮之下阴险毒辣的一生。

行事怪异　公孙瓒离心离德
无敌堡垒　对外完全隔绝

公孙瓒在害死刘虞，完全掌控幽州之后，就仿佛中了邪，开始做出许多不合常理的事情。他整个人变得容易记过忘善，连只是不小心瞄他一眼的人也必遭报复。对于名望高过他的人一定进行司法迫害，有才能的人一定加以打压。不过，公孙瓒在接受专访时对此做出解释，他认为有些人自以为本来就应当大富大贵，所以就算给他们富贵，他们也不会有任何的感激之意，倒不如结交一些江湖术士、贩夫走卒等意气相投之人来得实际。不过百姓无奈地表示，这些公孙瓒的结拜兄弟、和他攀亲附戚之人，都仗着公孙将军的名号为非作歹，民怨已达临界点。另外，公孙瓒在易城也如同董卓一般，修筑了

一座无敌堡垒。这座城堡外有十座深壕，堡内于五六丈高的土丘上筑起高楼，公孙瓒在堡中自居的城楼土丘更是高达十丈，并以玄铁制成坚不可破的大门，堡内囤积了三百万斛粮食。所有的军士侍卫及七岁以上的男子，都不准进入城堡之中。所有公文簿册的往返，都要靠绳子垂吊上下。公孙瓒则整天躲在堡内，只和妻妾侍女厮混，也不再亲自带兵打仗。手下的部将、智囊及宾客都完全被隔绝，无法见其一面，只能通过堡内的侍女拉开嗓门传递讯息。最近有消息传出，公孙瓒门下的幕僚及部将，有大半已叛逃离散，剩下的都开始疯狂地投出履历。

年度热搜榜

东汉 大赦令

　　自今年（一九六年）正月七日起，年号由兴平改为建安，本年度由兴平三年改为建安元年，并大赦天下。有关减刑及免罪细则，另由法务部门公告。

东汉　皇帝**刘协**

建安元年正月

恩将仇报　吕布刘备主客易位

　　徐州刺史刘备亲自领军与袁术的军队周旋，留下部将张飞屯守州政府下邳城。但张飞因为和下邳相（封国的行政长官）曹豹之间发生了冲突，一怒之下便将曹豹斩了，结果使得城中大乱。袁术得此消息，便秘密要求去年才投奔刘备的吕布，就近出兵袭取下邳，并答应提供他军粮。素有谋反前科的吕布果然发兵夺城，张飞不敌逃走，刘备的家眷全部被俘虏。刘备知道后急忙回军，但兵士们见家人在敌军手中，纷纷弃械溃散。刘备只好收拾残兵，转进广陵，但不幸又被袁术打败。军粮耗尽的刘备部队，饥饿到不断传出官兵相互杀害烹食的消息。后来刘备的参谋官糜竺，散尽家产资助军费，才稍缓燃眉之急。极度困顿的刘备，只好选择屈辱地向叛徒吕布投降。刚好这时袁术答应资助军粮的支票未能兑现，自称徐州牧的吕布盛怒之下准备对付袁术，便接受刘备的投降，给了刘备一个豫州刺史（地方行政长官）的空头称号，叫他屯驻小沛城。

皇帝返回洛阳　不见各州进贡　竟传官员饿死

历经半年的千里跋涉，东汉皇帝刘协终于在杨奉、韩暹等人的护送之下，于七月一日返抵故城洛阳，暂时安顿在前中常侍赵忠（已于一八九年被袁绍格杀）的豪宅之中。八月时，皇帝移驾杨安殿（张杨认为自己在还都过程中，位居首功，故以此为名），并发布人事令，升安国将军张杨为大司马（高级军事将领）、韩暹为大将军（高级军事将领）兼司隶校尉（监察官）、杨奉为车骑将军（高级将领），皆假节（持有符节代理皇帝行使部分权力）。不过中央政府仍是只有一个窘字可以形容，洛阳城内的宫室早已被烧尽，所有人只能在断垣残壁间自己拔除荆棘杂草，以求窝身。而各州郡自拥强兵，却不见有人愿意供输粮食器物。官员们难忍饥饿，如流民般在郊外采食野菜以求果腹。颓墙破壁间，随处可见饿死或被兵士杀死的官员尸体。

强夺玉玺！
袁术做起皇帝大梦
孙策修书划清界限

最近民间流传的一句预言谶诗，在袁术阵营掀起一阵大风暴。据说袁术本人对于所谓"代汉者当涂高"的谶言深信不疑，认为句中所言，将代替东汉而兴起者，指的便是自己。于是他积极地做出许多展露野心的动作。一开始是听说孙坚得到传国玉玺，便逮捕孙坚的遗孀以强夺之。后来听闻皇帝落魄，又召集部属开会，商议有关登基称帝的事宜。但据了解，与会的重要幕僚都不认同，现场气氛一度十分尴尬。领军在外的孙策在得知大老板袁术有意称帝后，便立刻表明立场，请律师寄出一封坚决反对的存证信函，并和袁术阵营划清界限，断绝一切关系。

袁术夺得玉玺之后，天天看着玉玺做起皇帝大梦

My precious……
我的宝贝……

老板怎么了？

可能《魔戒》看了太多次，变成咕噜了……

85

曹军抵达洛阳　掌控中央政权

曹操进驻许县后，接受参谋荀彧的建议，决定在御驾落难、皇权式微之际，掌握时机，前往迎接皇帝刘协，以扶助汉室、匡正天下。此举得到车骑将军杨奉的支持，于是他与一些将领共同表奏曹操为镇东将军，并承袭父亲费亭侯的爵位。这时，原本在进京路线上布防以阻曹军的董承，对于大将军韩暹的恃功横行无法忍受，于是便倒向曹营，让曹操得以亲率大军进入洛阳。曹操一到洛阳便控制了整个局势，韩暹、张杨被弹劾逃亡。随后皇帝下诏任命曹操为司隶校尉（监察官）、录尚书事（掌朝廷要事），董承等十三人晋封侯爵。

今天开始我罩着您，没有人敢再欺负皇上了！

嗯！

感动

皇帝接受曹操的保护，脱离被欺负的威胁

移驾许都
曹操挟天子以令诸侯

今年（一九六年）八月二十七日，皇帝刘协在曹操的护送下急速东行。中央政府发言人日前也已证实传言，将以曹操的大本营许县为新的首都，并积极开发建设。随后皇帝驾临曹操军营，亲自擢升曹操为大将军（高级军事将领）、封武平侯。车骑将军杨奉事后认为受到曹操诳骗，眼看皇帝即将落入别人手中，便欲出兵于中途拦截，但仍被曹军所击败。十月时，杨奉的大寨被曹操攻破，只好前往投靠袁术。

袁绍嫌官位太低　曹操让出大将军

在圣驾一行抵达许县之后，皇帝刘协因不满袁绍之前抱持观望态度，不肯出兵勤王，因此下了一封诏书予以谴责。不过，在袁绍上书深表悔意之后，皇帝已表示不再追究，并发布新的人事令，任命袁绍为太尉（三公之一）、封邺侯。但一向瞧不起曹操的袁绍，在收到命令之后并没有因为升官而有任何愉悦之情，还认为此官职位在曹操之下，于是便上书辞拒。据闻袁绍为此还震怒道："曹操这家伙，要不是我救他，都不知道已经死几次了。如今还敢挟持天子，反过来想命令我！"曹操发现袁绍的反应如此激烈，便请皇帝刘协把大将军（高级军事将领）的职位让给袁绍，自己改任司空（三公之一）并代理车骑将军（高级将领），以图安抚袁绍不满的情绪。

荀攸郭嘉成为曹营智囊

荀攸

郭嘉

在参谋荀彧的推荐下，曹操的智囊团又加入两名生力军。其中一位是荀彧的侄子荀攸，在通过曹操的面谈后，已担任重要的军师一职。另一位原本极受袁绍礼遇，但仍坚持跳槽另谋明主的郭嘉，也是在面谈后立刻获得重用，并被曹操评价是能帮助完成大业之人。至于重要的首都县令（地方行政长官）人选，曹操则任用了一向严谨负责的满宠，希望能为新都的治安及建设带来一番新气象。

屯田政策大成功
曹操地盘粮仓全满

嘿！看你每次射箭都射偏，种田倒挺有一套的嘛……

嘻！

曹操对军队屯田的成效十分满意，将扩大实施

由于数十年来兵事不断，百姓弃耕，粮食成了军队决胜、黎民安居的最重要问题。有鉴于最近又有袁绍的士兵饿到以桑葚果腹、袁术的部队捡螺蚌充饥的消息传出，枣祗向曹操建议应实施屯田政策，由军队在驻地开垦荒地、种植作物。曹操对此提案极为赞赏，并命枣祗为屯田都尉、任峻为典农中郎将（屯田指挥官），立即在首都附近试办。经过一年时间，试办区便收获了一百万斛稻谷，证明屯田政策的方向是正确的。于是曹操便下令，各地方政府均设置田官，全面推行屯田政策。农经学者表示，此政策一旦推行，农家百姓将直接受惠，不必再随时担心军队强行征粮，对于曹操之后的征战也将更为有利。

袁术吕布将结亲家

乱世局势诡谲多变，之前因军粮问题结怨的袁术与吕布，准备再度联合。基于政治考量，袁术为其子向吕布提亲，而吕布也答应将女儿嫁到袁家，双方目前正为婚事做进一步的筹划。

刘备受困求援
吕布神技解围

　　袁术虽然表面上和吕布暂时握手言和，但私底下仍然小动作不断。日前又派出大将纪灵，率领三万兵马进攻屯驻小沛的刘备。刘备自知实力悬殊，便赶紧向吕布求救。吕布为了避免袁术击败刘备后，自己反而陷于不利的地位，于是便率领一千名步骑前往小沛调停。纪灵听说吕布军队开到，便暂时停火，并邀吕布及刘备到营中饮宴谈判。吕布在席中以刘备的老大哥自居，便命令军官把一支战戟远远插在大营门口，弯弓搭箭，说："如果我这一箭正中戟旁小支，则你们双方各自解兵，不得再战。如果不中，就任凭你们厮杀。"话一说完，矢箭飞快射出，果然正中目标。纪灵等吃了一惊，第二天果然依约各自领兵退去。

吕布突击　刘备败走投曹操

　　拥有神技的战将吕布，行事果然反复无常。在刚替刘备解围后，见其拥兵竟已有一万多人，心中很不是滋味，便出兵突袭刘备。刘备没有料到老大哥吕布翻脸如翻书，在没有防备的情况之下，全军被吕布击溃，于是只好投奔曹操。据了解，曹营中原本有人认为刘备胸怀大志，应当趁机铲除。但郭嘉认为应以刘备为活广告，如此才能广纳天下贤士。曹操对郭嘉的看法完全认同，便拨给刘备一支军队及许多粮食，并要他去收聚散兵，以对付吕布。

年度热搜榜

贪恋女色
曹操被袭长子身亡

　　今年(一九七年)正月，曹操发兵攻击屯驻在宛城的张绣，前进到淯水时，张绣自知不敌，便全军投降加入曹操阵营。但不久之后，张绣却忽然背弃盟约，向曹操发动突击。而张绣此举，极可能与近日沸沸扬扬的曹操绯闻有关。据闻，曹操入城后，见张济的遗孀具有沉鱼落雁之姿，便将其纳为小妾。但这位绝色美女正是张绣婶母，张绣因为无法接受这种屈辱，才决定举兵反叛。而曹操则为此次的贪恋女色，付出了非常惨痛的代价。长子曹昂在这次奇袭中被叛军斩杀，曹操本身也被流箭射中，在侍卫长典韦的掩护之下，勉强逃出。典韦此役为了替曹操争取逃走的时间，率领侍卫队挡住营门，与张绣的军队死战。最后，所有的侍卫都壮烈成仁，典韦自己在身受数十处创伤后，仍然力搏千军，拼到最后，还使尽力气挟住两个敌人，终因伤势过重，在怒目大骂之后慷慨牺牲。死命逃出的曹操，立刻收聚散兵，退驻舞阴城，并亲自领兵击败前来追击的张绣部队。张绣攻势受阻，便退回穰城固守，曹操也率兵退回首都许县。

袁绍曹操领导风格大评比

　　在解密网站最新公布的一批文件中，人们发现一份针对曹操与袁绍两人的领导风格所做的详细分析报告。相关资料显示，报告人应该是曹操重要的智囊荀彧及郭嘉。经过记者整理，此项评比共细分为十个项目，而曹操则以压倒性的优势赢得所有分项。虽然此为曹营内部的分析报告，难免有立场上的偏向，但学界一般认为，这份报告还算客观，十分具有参考价值。

项目	袁绍	曹操
道	繁礼多仪	体任自然 （胜）
义	以逆动	奉顺以率天下 （胜）
治	以宽济宽，故不摄	纠之以猛，上下知制 （胜）
度	外宽内忌，用人而疑之，所任唯亲戚子弟	外易简而内机明，用人无疑，唯才所宜，不间远近 （胜）
谋	多谋少决，失在后事	得策辄行，应变无穷 （胜）
德	高议揖让以收名誉，士之好言饰外者多归之	以至心待人，不为虚美，士之忠正远见而有实者皆愿为用 （胜）
仁	见人饥寒，恤念之，形于颜色，其所不见，虑或不及	于目前小事，时有所忽，至于大事，与四海接，恩之所加，皆过其望，虽所不见，虑无不周 （胜）
明	大臣争权，谗言惑乱	御下以道，浸润不行 （胜）
文	是非不可知	所是进之以礼，所不是正之以法 （胜）
武	好为虚势，不知兵要	以少克众，用兵如神，军人恃之，敌人畏之 （胜）

制表：荀彧、郭嘉

袁术登基 不被看好
自立仲氏皇帝 多人拒绝入伙

最近一直做着天子梦的袁术，终于按捺不住，于寿春称帝，号称仲氏。国家成立之后，袁术开始任命中央政府官员。不过并非所有的人都乐于被仲氏征召，例如沛国相（封国的行政长官）陈珪，虽然是袁术少年时的旧识，儿子又被袁术挟为人质，但仍断然拒绝任官。就连之前官职和曹操闹双胞而被打跑的金尚，也因拒绝担任仲氏的太尉（三公之一）而弃官逃亡，只不过

后来仍被袁术捕获斩首。几乎所有的政治观察家都不看好此一新兴国家，认为袁术目前的实力离称帝还太远，相信不用多久便会被其他军阀围剿，迅速瓦解。

婚事生变
吕布追回女儿 袁术恼羞成怒

袁术称帝后，派出使者通知亲家吕布自己登基的消息，并顺便为儿子迎娶其女儿。吕布为女儿准备好嫁妆之后，便让女儿随同仲氏的大使启程返回寿春。陈珪为了阻止袁术和吕布联合，便亲自面见吕布，分析利害关系来说服他。而吕布也想起了袁术多年前曾排挤他的旧怨，于是便派出部队，把已经在途中的女儿追回。至于仲氏派出的大使，则被加上刑具，押送到首都许县（又称许都），被曹操斩首示众。对于吕布的正式决裂与悔婚，袁术十分愤怒，除了通过外交渠道严正谴责外，也表示一定会以军事行动对吕布实施制裁。

91

曹操不允吕布求官被拒

要记得帮我说好话喔！

我觉得应该先除掉吕布。

嗯……有道理！

吕布派陈登向曹操求官，结果事与愿违

中央政府日前发布人事令，擢升吕布为左将军（高级将领）。随着人事令而来的，则是司空（三公之一）曹操示好的私人书信。吕布收到信后十分高兴，认为自己飞黄腾达的机会来了，于是便派陈珪的儿子陈登，带着谢恩奏章及答复曹操的书信前往许都，希望可以正式被中央任命为徐州牧。但后来中央政府并没有答应吕布的请求，反倒是担任使者的陈登，意外获得曹操的赏识，被任命为广陵太守（地方行政长官），连其父陈珪也得到大幅度的加薪。吕布对加官升俸的陈珪父子十分不谅解，但在陈登做出解释后，吕布也不再追究此事。不过首都方面熟悉内情的人表示，当初陈登面见曹操时，不但未替吕布美言，反而说吕布仅是一个有勇无谋的匹夫，应该早点把他处理掉。曹操也认为吕布狼子野心，诚难久养，遂把暗中对付吕布的任务交托给陈珪、陈登父子。

仲氏部队大军压境　吕布策反重挫袁术

原本讲好要和吕布结成亲家，却又迎亲被拒的仲氏皇帝袁术，终于派出大将张勋，联合韩暹、杨奉的部队共数万人，对吕布展开复仇之战。由于对手来势汹汹，身边只有三千名步兵加上五百匹战马的吕布非常恐慌，便请智囊陈珪帮忙拿主意。陈珪分析了情势之后，认为袁术与韩暹、杨奉之间是仓促形成的组合，只要从中稍加策动，便可使其离散。于是吕布便暗中派人联络韩暹、杨奉二人，以袁术大军的所有辎重为交换条件，换取二人的支持以共击袁术。韩、杨一听有这么好的事情，二话不说，马上和吕布握手谈定。吕布吃了定心丸之后，便主动出击，使出全力对敌军发动正面攻击。在吕布军前进到仅距离张勋大营百步之远时，韩暹、杨奉的军队也同时呐喊，从两侧对张勋的部队展开袭击。张勋没料到同阵营的部队竟被策反，一时应变不及而全军覆没。吕布遂与韩、杨合军，乘胜追击，直逼袁术的首都寿春。吕布军沿途大肆掳掠，最后还故意留下一封极具羞辱的书信给袁术，才在大声嗤笑中渡河北还。

小霸王升将军 挥兵北上

中央政府日前派出使者，正式任命孙策为骑都尉（骑兵队指挥），承袭孙坚乌程侯的爵位，并兼领会稽太守（地方行政长官），同时命令孙策讨伐叛贼袁术。不过，反应一向很快的孙策，当场便向使者表示希望能有一个将军的称号，以提升自己的地位，于是使者便承制（以皇帝名义发布）孙策为明汉将军。如愿以偿升任将军的孙策，随即挥军北上，对袁术施压。

司空曹操亲征　大破仲氏袁术

今年（一九七年）九月，曹操亲率大军东征袁术。不过身为堂堂仲氏皇帝的袁术，竟然一听到曹操亲征的消息，便丢下军队自己逃走。随后曹操率领的东汉军队，果然轻易地一举击溃仲氏军队，并将其大将尽皆斩杀。可怜的仲氏皇帝袁术只好带着残部余兵渡过淮河，狼狈地逃到天旱岁荒之地。跟随的官士百姓受冻挨饿，生活无以为继。政治圈名嘴更毒舌地表示，袁术应该算是已经玩完，没有机会与能力东山再起了。

英勇许褚加盟　任曹操侍卫长

曹操在典韦壮烈战死后，一直找不到适当的侍卫长人选。正好沛国一带以勇力超乎常人而闻名的许褚，带着部众前来归附，曹操便任命许褚为他的侍卫长。而追随许褚的侠客们，也都担任虎贲武士，负责曹操的随扈护卫任务。

昔日风光军阀　如今相继惨死
杨奉 韩暹 胡才 郭汜　魂归西天

去年（一九六年）阵前倒戈，投入吕布阵营的韩暹及杨奉，将部队驻扎在下邳，并放任兵众四出洗劫百姓。不过虽然已尽其所能地烧杀掳掠，但仍无法喂饱大批军士。韩暹、杨奉几经考虑，终于打算离开吕布，另到荆州谋求发展。不过吕布并不打算让两人离去，于是杨奉便想暗合刘备共击吕布。谈定之后，杨奉便率军前往沛县，并应刘备之邀入城赴宴。不过这又是一次鸿门宴，杨奉正在宴席中开怀畅饮时，便被刘备拿下斩首。韩暹得知这个消息，吓得面无血色，便丢下军队不管，只带着十几名卫士展开逃亡。不过韩暹最后仍然难逃厄运，也在途中被杀。与杨奉、韩暹同时活跃的几个军阀，当时意气风发，如今都相继传出不幸的消息。胡才死于仇人之手，郭汜被自己的部将所杀，李乐也因病而死。世事变化之快，令人不胜唏嘘。

年度热搜榜

政府军右围张绣左打李傕

　　一月，曹操班师回到许都之后，只做了短暂的整顿与休息，便想再度出兵攻击张绣。据军方流出的文件，军师荀攸认为，张绣部队所需要的粮草全赖刘表供应，时间一长，彼此之间一定会猜忌冲突。所以只要静待时机再稍加运作，一定可以解决这个问题。如果以军队强攻的话，则张绣、刘表二人则必互相救援，反而会变得更加难以对付。不过对于长子曹昂之死一直耿耿于怀的曹操，这次并没有接受荀攸的建议，在会议结束之前，还是决定于三月发兵，派出重军把驻守穰城的张绣团团围住。另外，中央政府也派出使者，命令关中地带所有将领，出兵征讨当初曾挟持皇帝的李傕，并将其三族一同诛杀。

田丰袭击许都的计划未获袁绍采用，失去除掉曹操的大好机会

大将军建议迁都　司空断然拒绝
担心许都被袭　曹操急行退兵

　　大将军（高级军事将领）袁绍苦于皇帝身在司空（三公之一）曹操的地盘，并时常发出一些对自己不利的命令，于是便派人向曹操游说，以新都许县地势低洼潮湿、旧都洛阳过于残旧破败为由，希望朝廷可以迁都到距自己较近的鄄城，但此构想已被曹操一口回绝。不久，曹操便收到一份珍贵情报，内容显示，袁绍的重要参谋田丰在曹操拒绝迁都后，便建议袁绍应以武力袭取许都，然后将皇帝迎接到邺以号令天下。不过袁绍似乎不重视这项提议，而并未采取任何动作。倒是曹操在得到这个消息之后，流了一身冷汗，便立刻放弃在穰城的军事行动，下令全军班师，回防首都许县。

现在揭晓最佳"兵法奇谋奖"……
得奖的是……

曹操与贾诩角逐198年最佳"兵法奇谋奖"，竞争激烈

兵法奇谋——
曹操置之死地而后生　贾诩料敌神准助张绣

曹操前脚刚从穰城撤军，张绣后脚便想出城追击曹军。听说在张绣阵营所召开的军事会议上，参谋贾诩对此行动强力表示反对，认为张绣虽然善于用兵，不过实际上并非曹操的对手。而此次大军后撤，曹操必然亲自断后，若贸然追击必定遭受挫败。但张绣并未采纳贾诩的看法，仍旧决定率兵尾追曹军。五月时，刘表的援军开到，堵住曹军的退路，与张绣军前后夹击曹操。曹操腹背受敌，只好下令全军连夜开凿险道逃走。张绣、刘表联军见机不可失，便大军倾巢而出，结果受到曹军的伏兵袭击，才知误中曹操计谋。正在进退两难时，曹操又派出步兵与骑兵夹攻，

张绣军果然大败而回。不过，这时贾诩却又认为，曹操在大胜之后，必定迅速赶回许县处理危机，而留下其他将领断后。这些将领虽然勇猛，但绝非张绣敌手。所以要张绣立刻集结残兵，再次追击曹操。上次不听贾诩劝阻的张绣，这次可是学乖了，便依贾诩之计，马上发兵追击曹军，果然取得胜利。而在另一阵营的军事检讨会上，曹操也与参谋荀彧分享心得，表示制胜关键在于兵法上的"归师勿遏"四个字。当时张绣、刘表联军阻断曹军退路，欲将其置于死地。所以曹操根据"置之死地而后生"的理论，早就料到此战必定获胜。

吕布袁术大复合　刘备出逃妻儿被俘

政治界的局势真是瞬息万变，之前才刚闹翻的吕布及袁术，居然又大搞复合戏码，签下合作协定。吕布随后派遣部将高顺及张辽，向刘备发动攻击。中央政府闻讯后，立即派夏侯惇率兵前往沛县救援刘备。但高顺、张辽二人皆非等闲之辈，夏侯惇的攻势受阻，救援任务也宣告失败。据军医表示，夏侯惇在奋战时，自己也身受箭伤，左眼有失明的可能。而久等不到援军的小沛城，终于在九月被攻陷。城破之后，刘备的妻子儿女皆被高顺等所俘，而刘备本人则只身逃逸无踪。

曹孟德亲征下邳　吕奉先无法脱身

在吕布和袁术联手后，中央政府为免吕布趁机坐大，便决定由曹操亲率大军加以征讨。曹操在梁国遇到被吕布打跑的刘备，便将其留在军中，一同进军彭城。根据吕军阵营传来的第一手消息，吕布的首席参谋陈宫曾建议，趁曹军未站稳脚跟时就先施以逆袭。不过吕布并未同意此一方案，而是决定待曹军到达后，再发动猛攻，将之驱赶到泗水中淹死。只是事情的发展似乎与吕布的预期相去甚远，等到十月的时候，曹操大军血洗彭城，并与吕布军队数度激战。几经交手，吕布都惨败于曹操，最后只好退守城内不再出战。接连受挫的吕布，在收到来自曹营的劝降文书之后，信心逐渐松动，开始有投降的打算。不过在陈宫的一番劝说之后，吕布又重新振奋起来。吕布打算依照陈宫的建议，自领一支军队屯驻城外，把下邳城交由陈宫守卫。如此一来，头尾便可相互支援，使曹操疲于奔命，自己最后再伺机击破。不过原本拟定好的作战计划，事隔一夜，竟又全盘推翻。第二天一早，吕布便又对陈宫说这样行不通，希望他另谋可行的对策。虽然吕布并未解释其中的缘由，但据了解，原因可能是吕布的妻子不信任陈宫，认为将全城及家眷都交托于他并不妥当，所以才极力反对。吕布又想起和袁术之间仍有未完成的婚约，便想将女儿送到袁术阵营以重修旧好。于是便把女儿全身以绸缎缠裹，绑到马上，趁着夜色亲自骑马护送出城。但曹操的军队围困得实在太紧，箭矢如雨般不断落下，吕布根本无法前进，于是只好又放弃这项计划，仍旧困守下邳。

惊天兵变　吕布丧命

陈宫慷慨赴刑场
张辽臧霸归曹营

由于下邳的围城之战陷入胶着，攻城的军士疲态渐露，对曹军生理与心理两方面形成终极考验。为此，曹操首次在作战会议上透露了想要退兵的想法，不过参谋荀攸和郭嘉都极力主张不该放弃，反而应加强对下邳城的攻势。曹操经此鼓励后，决定重新振奋精神，便下令引沂、泗两河的水灌城，继续与吕布僵持下去。而吕布在苦撑了一个多月后，形势果然更为窘迫。在无计可施的情形之下，只好亲自登上城楼大声向围城军求饶："各位大哥不要再逼困我了，我会向曹公（曹操）自首的。"不过接着吕布身后又有人说："曹什么公！曹操只不过是个逆贼，今天我们向他投降，就犹如羊入虎口，自取灭亡罢了。"根据声纹比对，已经证实说话的正是陈宫，不过曹操并没有控告他公然污辱的打算。不久后，吕布的部将叛变，陈宫及高顺等主战派被叛军逮捕，吕布本人也被绑了起来。叛军开城献降后，曹操率领大军进入下邳城中接管所有军务，并接见被五花大绑的吕布。吕布见了曹操之后，之前的英雄气概都没了，只是一味地向曹操示好，表示自己愿意成为曹营中最强力的战将，以帮助曹操平定天下。曹操原本心动了，有意替吕布松绑，但一向被吕布称作老弟的刘备警告说："曹公（曹操）

曾先后杀死丁原及董卓两位义父的
吕布终于被曹操斩首

难道忘了吕布是怎么对待旧主丁原及董卓的吗？"曹操才惊觉自己差点就步丁、董二人的后尘。于是吕布就在咒骂声中被押赴刑场，斩首示众。曹操原本有意留用和他有过情谊的陈宫，不但陈宫反而要求慷慨赴义，遂和高顺一起被绞死。不过同时，曹操也下令以优厚的抚恤金给陈宫家人，并由政府负责终身照顾其母亲。至于张辽及臧霸，则都收入曹操本部军团重用。

南北沟通
刘表袁绍往来密切

最近荆州刘表与冀州袁绍之间，往来频繁。据推测，双方可能已形成某种程度上的南北联合之势。如此一来，夹在中间的曹操，必将承受更大的压力。不过曹营也释出利好消息，表示长沙、零陵、桂阳三郡，皆已唾弃刘表，转而归附中央。

仲氏皇帝甫任命
周瑜鲁肃立弃官

小霸王孙策日前由司空（三公之一）曹操表奏为讨逆将军（部队指挥官）、封吴侯，与中央的关系可说又更进一步。而孙策的挚友周瑜，也在莫名其妙收到仲氏发出的任官令后，抛弃官职，投奔孙策阵营。周瑜随后被任命为建威中郎将（部队指挥官），为孙策的江东集团军注入一股新的力量。对于仲氏皇帝袁术的前途，同样不看好而弃官潜逃的还有地方知名人士鲁肃，据闻鲁肃全家目前也已迁居到孙策的地盘之中。

周瑜、鲁肃等人抛弃袁术授予的官职，举家迁移到孙策的领地之中

不打不相识　祖郎太史慈归服小霸王

之前曾率军袭击孙策，并一刀砍中孙策马鞍的祖郎，在陵阳被孙军击败生擒。不过孙策随即亲自解开祖郎的捆绑，化敌为友，将其纳入麾下重用。接着孙策又在会战中生擒太史慈，也同样亲解其缚，并委任重职。凯旋班师时，孙策还特别让祖郎及太史慈担任前导军在前开道，全军士气被激励到最高点。孙策领导下的江东集团，在周瑜、祖郎、太史慈等人加盟后，已成为本年度最红火的新兴军事力量。

大将军再攻幽州
公孙瓒坐困愁城

大将军袁绍对公孙瓒的用兵已连续数年，但都不能取得决定性的胜利，便写信给公孙瓒，希望双方和谈。但公孙瓒自恃手下兵多将广，不但拒不回应，还加强防御工事，摆出力拼到底的姿态。袁绍见和谈无望，便大举增兵，加强攻势。由于公孙瓒认为一旦增援友军会养成将领依赖的习惯，所以对各地守军的求援始终置之不理。结果在袁绍大举进攻时，公孙阵营各地的守将自知不敌，且求援无望，于是溃散的溃散，投降的投降，袁绍大军竟直抵公孙瓒大本营易城门下。

公孙瓒城堡被袁绍大军团团围住，束手无策

年度热搜榜

人伦悲剧……
公孙瓒绞死妻儿　引火自焚

今年(一九九年)春天，公孙瓒所盼望的黑山援军（张燕的黑山贼）终于来到，并依照密约举火为号。于是公孙瓒便率军出城，打算与黑山军夹击袁绍的军队。不料才刚出城，袁绍的伏兵便突然出现，而黑山援军则不见踪影。受到猛烈攻击的公孙瓒大败后仓皇退回易城，这时才知道求援密信原来早被敌军的哨兵所截获，一切都在袁绍的设计之中。袁绍接着又发动地道战，把易城整个地下几乎都挖空了。袁军一开始挖掘的时候，先以木头撑住，最后再放火焚烧柱子，于是整座无敌堡垒瞬间倒塌。公孙瓒自知无法脱身，便把自己的妻子儿女都用绳子绞死，然后引火自焚。

称帝末路　袁术让出宝座

驻仲氏特派记者报道，袁术自从称帝之后，便开始了荒淫无度的生活，其夸张的程度实非一般庶民所能想象。光是后宫妻妾就多达数百人，而且都身着锦衣罗纨、享用醇酒美食，极尽奢华之能事。但对于部下饥饿困苦、人民相食之状视而不见，毫不怜恤。直至最近终于坐吃山空，耗尽府库仓廪，没有办法再继续维持庞大开销。袁术苦无对策，只好放火焚毁寿春的皇宫，然后前往投靠屯驻在外的部将。不过令袁术郁闷的是，竟然没有人愿意收容接纳他这个堂堂仲氏的皇帝。穷途末路的袁术，众叛亲离，连本部兵众也纷纷逃离散去。忧闷至极、不知所措的袁术，只好派人到袁绍阵营，表示愿意把皇帝的宝座让给袁绍，以求自己能有一栖身之地。

刘备奉命出击阻断袁氏兄弟合并

袁绍在接到老弟袁术求援的讯息之后，便派其长子袁谭南下，打算从下邳的北边通过以迎接袁术。但曹操为免袁氏兄弟会合，便立刻派刘备及朱灵于半途拦截。袁术无法突破刘备等人的封锁，只好再折回寿春。

刘备于半路截击，使袁术无法顺利北上与袁绍会合

袁术吐血身亡宝玺重归中央

在六月盛夏时，袁术折返到距离寿春八十里的地方。因天气酷热难当，袁术便叫属下准备蜜水给他解渴。不久，部下把碗递给袁术，他喝了一口便吐掉再也不肯喝，不高兴地说："怎么只有水，蜜呢？"他的属下有点不耐烦地回答："我们现在全部的存粮只剩三十斛麦屑，哪来的蜜啊！"袁术只能枯坐在连一张草席都没有的床板上，叹息说："想我袁术，怎么会落到今天这种山穷水尽的地步。"气愤难平的袁术，就这样吐血而死。事后地方官员在附近找到从一八九年便流失的传国玉玺，立即缴回中央。代表皇权的玉玺，在辗转多年后，终于重回东汉皇帝刘协手中。

曾经贵为皇帝的袁术如今穷途末路，困苦潦倒

101

大将军府惊传称帝之说 斩杀主簿紧急灭火

近日政治圈传闻大将军（高级军事将领）袁绍有意称帝，已引起中央政府高度关切。据了解，袁绍灭了公孙瓒之后，声势日盛，不但对皇帝的进贡越来越少，竟然还在府会时公开讨论称帝的议题，不过此议案已被所有与会者一致否决。大将军府发言人则重申，此事件为主簿（中级官员）耿包的个人意见，和袁绍本人无关，而耿包已经依叛国罪斩首。

各界怀疑被袁绍处决的幕僚其实只是代罪羔羊

袁绍意图灭曹　沮授被削军权

袁绍阵营在是否进兵许都这件事上，内部发生严重的意见分歧。沮授、崔琰等人认为："曹操奉天子以令天下，军队号令严明。如果贸然出兵，不但师出无名，也没有必胜把握。应当先让百姓休养生息，再派出游击队不断骚扰曹操边境。如此以逸待劳，坐着就可以统一全天下。"而郭图、审配则认为："讨伐曹操易如反掌，只要大军尽出即可扫平，何必那么麻烦。"最后袁绍则是决定动员精兵十万、骑兵一万，准备对曹操发动攻击。会议之后，郭图等又警告袁绍要留意沮授，当心他的兵权过大，恐有后患。于是袁绍又将沮授的部队一分为三，让沮授、郭图、淳于琼各领一军。

袁绍不听沮授劝阻，执意发兵攻打曹操

首都因袁军出兵，开始进行一连串的军事演习

许都惊恐戒备　紧急动员布防

在获知袁绍即将大举兴兵来攻的消息后，许都的官员及将领们都感受到前所未有的压力与恐惧。孔融在开会时表示："袁绍领地广袤，兵马强盛，内有田丰、许攸等智囊，外有颜良、文丑等猛将。如今精锐尽出，其力量恐怕不是我们所能抵抗的。不如……"这时曹操一向倚重的参谋荀彧大声反驳说："袁绍的兵马虽多但毫无纪律，田丰等人彼此势不相容，日久一定生变。至于颜良、文丑只不过匹夫之勇罢了，一战就可擒获，有何可惧。"而曹操也为了稳定军心，特别对大家喊话："我太了解袁绍了，他这个人以前就是这样，志气大而智慧小，声色俱厉而胆识轻薄，又听不进别人的劝告。兵马虽多而分划不明，将领骄纵而政令不一。他的土地虽广，粮食虽丰，却刚好等着被我们接收。所以不用惊慌，他绝对不是我们的对手。"不过话虽如此，曹操还是紧急动员军队开始布防。他下令臧霸等率领精兵进入青州捍卫东方，命于禁屯兵黄河沿岸。曹操率本部军团返回许都之后，又分兵驻守官渡，完成初步的调动。

贾诩怒斥袁绍使者　张绣决意归入曹营

袁绍准备对曹操用兵之际，打算先行笼络张绣以壮大自己的阵营，于是便派出使者前往穰城，准备建立合作关系。刚好张绣也想接受合作的提议，便设宴款待袁绍的使者。但在饮宴之际，贾诩突然怒斥使者："你回去告诉袁绍，兄弟都不能相容的人，天下豪杰岂肯归附。"满怀惊惧的张绣问道："我看这合作案被你这么一骂，是一定破局了。接下来该怎么办？"贾诩便建议归入曹操阵营。不过张绣认为袁强曹弱，而且曹操和他又有杀子之仇，如何能归附曹营。但贾诩又提出三大顺服曹操的理由："其一是曹操奉天子以令天下，此乃名正而言顺之举；其二是袁绍如此强盛，必不把我们这一点力量看在眼里，而曹操兵少，若得到我们的支援，一定会十分珍视；其三是有霸王之志者，必定会故释私怨以明德于四海。"于是张绣便转而加盟曹营，受命为扬武将军（部队指挥官），并将女儿嫁与曹操之子。促成合作的贾诩则被任命为执金吾（皇城警卫官）、封都亭侯。

贾诩在宴会上怒斥袁绍使者，使得张绣与袁绍双方的合作破局

重设食盐专卖
关中情势回稳

之前因战乱逃离关中地区的十几万户百姓，最近陆续回到故土，但返乡之后的高失业率却引发另一股隐忧。由于生活无以为继，这些流民纷纷被地方军阀所吸收，过度膨胀的地方武力，已成为一颗定时炸弹。中央政府为解决这个问题，特别恢复废置已久的食盐专卖制度，重设监盐官，将卖盐所得的庞大利润，用来购买耕牛及农具，提供给返乡难民，让他们立即投入生产。这样的做法已经有效地降低了失业率，并且稳定了整个关中的局势。

袁曹大战在即
荆州刘表摇摆不定

原本已经答应袁绍出兵相助的荆州刘表，态度开始松动。目前的状况是既不出兵攻打曹操，也不派兵援助袁绍，只是在原地采取观望的态度，希望从中谋得一些好处。而刘表摇摆不定的立场，也让这场无可避免的袁曹大战，更增添了诡谲难测的气氛。

小霸王横扫江东　连破刘勋黄祖

有"江东小霸王"之称的孙策，在得到周瑜的加盟后，于江东的战事又有了新的进展，先后大破刘勋、黄祖的部队，一口气将皖城、豫章等地都归入版图之中。而孙策阵营日前也发布了一份新闻稿，表示几次战役加总起来，共斩杀了数万名敌人，俘虏及归降者多达三万两千人，同时缴获了战舰七千艘。另外，根据一份以全国士大夫为访问对象的民调，由于孙策在击败对手之后，都能善待敌人的家眷，所以各界对孙策的支持度非常高。看来这位年轻小将，已经闯出了一片天地，颇有明日之星的架势。

孙策在击败敌人之后，都能善待其家眷

曹操的侍卫长许褚于千钧一发之际击杀刺客

许褚击杀刺客

曹操在短暂离开之后，再度进驻官渡，亲自督导前线的作战准备。不过，日前曹营中竟然传出暗杀事件。曹操的随扈徐他等人，伺机侵入主帅寝帐，企图刺杀曹操。但曹操的侍卫长，人称"虎痴"的许褚刚好在场，一发现苗头不对，便当场击毙刺客。目前警方正深入侦办，并高度怀疑大将军（高级军事将领）袁绍可能介入此事。

纵虎归山
刘备脱离中央监控

刘备借故脱离曹操的势力范围

原本在曹操控制之下的刘备，终于逮到机会，以截击袁术为借口，带着武装部队，脱离中央政府的控制。在斩杀了曹操手下的徐州刺史（地方行政长官）车胄之后，刘备让关羽驻守下邳并代行太守的职责，自己则带兵还驻小沛城之内。由于附近又有许多人前来归附，刘备的军队很快便得以增加到数万人之多。如归山之虎的刘备，日前已经派出代表和袁绍阵营结盟，并正式宣布与曹操决裂。

曹阿瞒许田打围　董国舅内阁受诏

曹操请天子田猎，帝随即上逍遥马，带宝雕弓、金鈚箭，排銮驾出城。玄德与关、张引数十骑随驾出许昌。曹操骑爪黄飞电马，与天子并马而行。转过土坡，忽见荆棘中赶出一只大鹿。帝连射三箭不中，顾谓操曰："卿射之。"操就讨天子宝雕弓、金鈚箭，扣满一射，正中鹿背。群臣将校，见了金鈚箭，只道天子射中，都踊跃向帝呼"万岁"。曹操纵马直出，遮于天子之前以迎受之。玄德背后云长大怒，剔起卧蚕眉，睁开丹凤眼，提刀拍马便出，要斩曹操。玄德见了，慌忙摇手送目，向操称贺曰："丞相神射，世所罕及！"操笑曰："此天子洪福耳。"乃回马向天子称贺，竟不献还宝雕弓，亲自悬带。献帝回宫，泣谓伏皇后曰："曹操今日在围场上，身迎呼贺，无礼已极！早晚必有异谋，吾夫妇不知死

所也！"伏皇后曰："满朝公卿，俱食汉禄，竟无一人能救国难乎？"伏皇后之父伏完曰："车骑将军国舅董承可托也。陛下可制衣一领，取玉带一条，密赐董承；却于带衬内缝一密诏以赐之。"帝然之，乃自作一密诏，咬破指尖，以血写之，暗令伏皇后缝于玉带紫锦衬内，令内史宣董承入。帝解袍带赐承，密语曰："卿归可细观之，勿负朕意。"承归家将袍仔细反复看了，随又取玉带检看，忽然灯花落于带上，烧着背衬。承惊拭之，已烧破一处，微露素绢，隐见血迹。急取刀拆开视之，乃天子手书血字密诏也。诏曰："近日操贼弄权，欺压君父，恐天下将危。卿乃国之大臣，朕之至戚，当纠合忠义两全之烈士，殄灭奸党，复安社稷！破指洒血，书诏付卿，再四慎之，勿负朕意！建安四年春三月诏。"

年度热搜榜

车骑董承谋反事败
抄家灭族　司空征讨余党刘备

　　去年（一九九年）才刚升任车骑将军（高级将领）的董承，因刺杀曹操的阴谋泄露惨遭逮捕。同案牵连的还有王服、种辑等政府官员。据了解，董承自称握有皇帝藏在衣带中的密诏，奉旨密谋杀害司空（三公之一）曹操，以发动政变夺取政权。在侦讯后，中央政府迅速宣布破案，表示所谓的衣带诏乃子虚乌有，皇帝和司空之间的关系并未生变。至于犯案的董承、王服、种辑三人，则以叛国罪处以死刑，三族之内的关系人也一并诛杀。对于同案潜逃的共犯刘备，中央政府不但已发出通缉令，曹操还打算亲率武装部队前往征讨。

※提醒：勿使用生日当作密码

嘻！我就知道他一定用生日当保险箱的密码，太容易破解了。

报告！依指示打开保险箱后，果然搜到谋反证物……

董承密谋叛变失败，被以叛国罪逮捕处决

袁绍因子患病　错失袭曹良机

由于曹操东征刘备，导致后防空虚，袁绍阵营的重要智囊田丰，便建议应立即出兵以袭其后路。但袁绍因为幼子正患重病，所以不愿于此时发兵。久说不成的田丰，因感叹错失灭曹良机，气得以手杖猛击地板，许久不能平复。而从之前曹营流出的一份资料显示，其实早在曹操决定出发攻打刘备时，内部就已对袁绍是否会出兵做过评估。虽然大部分将领都怕袁绍会从背后偷袭，但郭嘉力排众议，认为袁绍个性迟而多疑，就算出兵的话也不可能太快。当时曹操就认同郭嘉的看法，如今证明袁绍的反应果然正如所料。

刘备大败逃逸　关羽被俘投降

屯兵小沛城的刘备，原本料定曹操此时正忙着对付袁绍，所以并没有积极备战。直到哨兵突然回报曹操大军即将兵临城下的消息，刘备才匆忙地带着一些随扈出城察看。一出城，果然见到曹操战旗飘扬，军威浩大。惊惶不已的刘备无心应战，便抛弃军队及城中一切，迅速逃亡。曹操果然很快挥军破城，击溃了小沛城的守军，并捉住了刘备的妻子及儿女。接着兵锋一转，攻陷下邳，俘虏了刘备重要的部将关羽。不过目前并没有刘备确实的下落，目击者表示，看见过一个耳朵很大，疑似刘备的人，往邺城方向逃窜，极有可能打算前往投奔曹操的对手袁绍。

要我投降可以，不过要答应这些条件……

这……怎么这么多……

刘备重要部将关羽被曹操俘虏，在协议之后投降

109

田丰献策竟入狱
袁绍执意急出兵

　　曹操大破刘备，回师屯驻于官渡之后，袁绍才开始召开军事会议，讨论攻击许都的计划。在会议上，田丰持反对的意见，认为攻击的黄金时机已失，目前应据守山川，外结英雄，内修农战，再派出游击队采取骚扰战，使敌人疲于奔命，如此不到三年，则曹操必败。但袁绍完全不理会田丰的意见，执意要发兵进攻曹操，一决胜负。在此过程中，田丰一再劝阻，言辞往返间终于激怒袁绍而被逮捕入狱。在田丰被押出议场之后，不再有人持反对意见，袁绍于是传令各军备战，定于二月时出兵攻曹。

勇猛！
程昱胆识过人
七百壮士守鄄城

　　袁绍大军南下，已到黄河北岸的黎阳，曹操打算增加南岸各据点的防守兵力。评估之后，曹操认为程昱守卫的鄄城仅有七百名士兵，应再增加两千名士兵以增强防卫力量。但程昱却别有见解，认为："袁绍见鄄城兵少，必定不把此城当一回事。但如果增兵于此，袁绍反而会当作目标而发兵攻击，到时一定会被攻陷而造成更大的损失。"袁绍果然派出大将颜良，渡河攻击白马城，而舍弃了兵力薄弱、没有威胁的鄄城。

程昱无惧袁绍大军，仅以七百人守城

一战成名

关羽万军之中斩颜良

四月时，曹操从官渡北上驰援白马城，并依照军师荀攸的计策，先在延津摆出要渡河北上的姿态。袁绍见此态势，判断曹操必定是要截击其后，于是便立刻调动兵力往西准备迎战曹军主力。但其实曹操早已率领轻骑兵部队，连夜赶往白马城，并以张辽、关羽为前锋，对颜良展开奇袭。颜良见两将来到，大惊之余，匆忙回军迎战。关羽远远见到颜良旗号车驾，二话不说，便策马直入敌阵之中，于万军之中一刀砍死颜良，然后神色从容地下马，取出佩剑将其首级割了下来。颜良军团的兵士见此剧变，竟惊吓得不知如何反应，任由关羽如入无人之境般将颜良首级带走。而颜良军失了主帅之后，也瞬间瓦解崩溃，白马之围随即解除，随后曹操下令全城居民往西迁徙。此役立下首功的关羽也一战成名，不但获得曹操极大的赞赏，也在高手如云的曹营中占有了一席之地。

谏阻大军渡河　沮授被夺兵权
冀州军团强渡延津 ···

袁绍在听闻白马一役败兵折将的消息后，心情十分不快，便下令全军渡河，准备给曹操来个迎头痛击。不过，之前就认为颜良难当大任的沮授，又在此时表示反对意见，认为应先将大军留屯延津，只分一部分兵力前往官渡做试探性的攻击，以免情势有变而全无退路。但袁绍仍一贯地坚持己见，不肯接受沮授的看法。沮授三番五次提出的建议都遭到反对，在失望之余，便向袁绍称病请辞。袁绍虽然没有批准沮授的辞呈，但已对他怀恨在心，于是便剥夺其军权，将其所辖部队全都划归郭图统领。

辎重诱敌 曹操奇计破文丑

将部队屯驻南阪的曹操，派哨兵在筑起的高台上严密监视着袁绍大军的渡河行动。不久，哨兵先是回报："已有五六百名骑兵出现。"过一会儿又报："骑兵持续增加，但步兵数量极多，无法计算。"根据随军记者的观察，在这么紧张的状况下，曹操居然还神色轻松地下令不用再报，并要所有骑兵解鞍下马，让马匹就地吃草休息。这时虽然有些曹营的部将开始坐立难安，但曹操仍旧坐在青草地上，优哉游哉地与幕僚人员谈笑着。忽然之间，有将领想起来，之前从白马撤回的辎重车队，现在正好就在袁军前锋部队的路径之中，极有可能会遭到敌军袭击，请曹操立即下令让车队退回白马城中躲避。但军师荀攸镇定地说："这是用来诱敌的饵，怎么能退呢？"曹操也没有做任何表示，只是看了看荀攸，然后发出会心的一笑。不久之后，哨兵便又回报说，发现袁军的骑兵统帅文丑，与刘备（延津战前投奔袁绍）先后率领了五六千名骑兵出现在战场上。曹营的将领听到此一讯息之后，都感到十分紧张，一再地请求上马备战，但曹操仍然不为所动地表示："有什么好紧张的，来来来，都坐着坐着，再休息一下吧，还不到时候。"另外，袁军的骑兵部队持续集结，文丑见从白马来的辎重车队没有重兵防守，又远远见曹军的骑兵都尚未整装备马，所以一时起了贪念，便决定分军先行抢夺车队的物资。当曹操看到文丑的部队开始袭击辎重车队时，便下令以最快的速度备鞍上马，然后亲自带领着为数不到六百名的精锐骑兵，向文丑的骑兵军团发动突击。文丑发现曹操袭来，便下令全体回到战斗位置迎战。不过这时袁军的兵士们正忙着抢夺珍贵的物资，根本无法指挥，而文丑也因此丧命于乱军之中。开头两次战役，袁绍便折损了颜良、文丑两大名将，对整个集团的士气造成极大的打击，目前全军都处于低迷的气氛之中。

关羽叛逃?!

曹操阵营惊传大将关羽叛逃事件，记者经查证后，发现关羽果然离开曹营，投奔旧主刘备，只不过并非阵前叛逃，而是获得曹操的默许放行。关羽在斩杀颜良，立了大功之后，曹操给关羽丰厚的赏赐。但关羽后来知道旧主刘备的下落后，便决定回去追随刘备，于是把曹操送给他的所有赏赐全部封存归还，只留下拜别信函便动身前往敌营投奔刘备。消息传出后，曹营的部将都十分愤怒，认为应当前去拦截狙杀。但曹操却出乎众人意料地表示："人各有志，就让他追随自己的主人吧，不用追了。"于是关羽得以安然离开曹营。

关羽将曹操的赏赐全数封存归还，返回刘备身边

113

关云长过五关斩六将

放我出去！我没有杀人！

关公领刘备的二夫人前至东岭关，把关将孔秀，引五百军兵在岭上把守，曰："汝要过去，留下老小为质。"关公大怒，纵马提刀，直取孔秀。秀挺枪来迎。两马相交，只一合，钢刀起处，孔秀尸横马下，众军俱拜于马前。关公即请二夫人车仗出关，往洛阳进发。洛阳太守韩福，引一千人马，令孟坦出马，抡双刀来取关公。关公约退车仗，拍马来迎。孟坦战不三合，拨回马便走。关公赶来。孟坦只指望引诱关公，不想关公马快，早已赶上，只一刀，砍为两段。关公勒马回来，韩福闪在门首，尽力放了一箭，正射中关公左臂。公用口拔出箭，血流不住，飞马径奔韩福，冲散众军。韩福急闪不及，关公手起刀落，带头连肩，斩于马下；杀散众军，保护车仗。关公割帛束住箭伤，连夜投汜水关来。把关将卞喜，闻知关公将到，就关前镇国寺中，埋伏下刀斧手二百余人，诱关公至寺，欲图相害。镇国寺内有一僧普净，以手举所佩戒刀，以目视关公。公会意，命左右

持刀紧随。卞喜请关公于法堂筵席，关公曰："卞君请关某，是好意，还是歹意？"卞喜知事泄，大叫："左右下手！"左右方欲动手，皆被关公拔剑砍之。卞喜绕廊而走，暗取飞锤掷打关公，关公用刀隔开锤，一刀劈卞喜为两段。随后护送车仗，往荥阳进发。荥阳太守王植，却与韩福是两亲家；闻得关公杀了韩福，便欲暗害关公，乃出关喜笑相迎，请入馆驿中。王植密唤胡班曰："汝今晚点一千军围住馆驿，一人一个火把，待三更时分，一齐放火；不问是谁，尽皆烧死！吾亦自引军接应。"胡班遂密告关公。关公催车仗急急出城，行不到数里，背后火把照耀，人马赶来。当先王植大叫："关某休走！"关公勒马，大骂："匹夫！我与你无仇，如何令人放火烧我？"拦腰一刀，砍为两段。到黄河渡口，秦琪引军出问："来者何人？今欲何往？"关公曰："汉寿亭侯关某也，欲投河北去寻兄长刘玄德。"琪曰："吾奉令把守关隘，你便插翅，也飞不过去！"秦琪纵马提刀，直取关公。二马相交，只一合，关公刀起，秦琪头落。关公曰："当吾者已死，余人不必惊走。速备船只，送我渡河。"军士急撑舟傍岸。关公请二嫂上船渡河。渡过黄河，便是袁绍地方。关公所历关隘五处，斩将六员。

霸王陨落！
孙策打猎遇刺身亡
小弟孙权接管江东集团

为您插播最新消息！小霸王孙策遭到刺杀……目前正在抢救！

　　素有"小霸王"之称的孙策，在狩猎途中不幸遇袭，已于四月四日不治身亡。据了解，杀手共有三人，应是之前被孙策所杀的吴郡太守（地方行政长官）许贡的家奴。由于孙策的随扈骑兵在打猎时，跟不上其坐骑的速度，使得防护出现漏洞，让刺客有机会以暗箭射中孙策脸颊。孙策中箭后，护卫的骑兵队随即赶至，将三名刺客当场格杀。被袭的孙策因伤势严重，在紧急救治后仍无法脱离险境，便在加护病房中召集张昭等重要官员，将江东集团的印绶交付给弟弟孙权。孙策一方面请求部众能够继续支持孙权，另一方面告诉孙权："两军决战，争衡天下，你不如我；但举贤任能，以保江东，我不如你。"于是年仅二十六岁，原本被看好为明日之星的江东小霸王孙策，就这样意外地结束一生。剧变发生后，镇守巴丘的周瑜立刻率军回来参加丧礼，并留在吴郡，与张昭一同主持政务，巩固孙权在江东的领导地位。

奉命前往汝南　刘备摆脱袁绍

　　被袁绍派去骚扰首都南方的汝水、颍水一带，对中央政府造成极大困扰的刘备，终于被曹仁的骑兵队击败。刘备退回袁绍在延津的大本营后，不久便奉袁绍的命令，率领直属部队前往汝南。曹操得知后，曾试图派部将蔡阳前往截击，但已被刘备所斩杀。据跑政治军事新闻多年的资深记者分析，刘备此次以巩固与刘表之关系为由，说服袁绍让自己前往汝南，其动机并不单纯。可能是想借此脱离袁绍集团的控制，重新建立自己的势力范围。

沮授建议长期耗战
袁绍同意准备对峙

　　袁绍大军开抵阳武，与曹操屯兵的官渡十分接近。在军事会议上，沮授认为曹操军团的战斗力虽然较强，但粮草的贮备量却不如袁绍军团，应该尽量拖延时间，打持久战消耗对手的存粮及力量。袁绍最终采纳了这一建议。

记者独家取得袁绍亲手绘制的作战图资料

一触即发

箭雨地道 袁绍发动猛攻
实力悬殊 曹操吃尽苦头

　　今年(二〇〇年)八月时，袁绍下令全军拔营，再向南继续推进，并紧依着沙丘构筑东西横亘数十里的军营大寨，在官渡一带与曹操的军团展开对峙。到了九月时，在各界的期待之下，双方终于爆发了激烈的攻防战。第一波的攻击由曹操方面先发动，但由于袁军实力强劲，所以曹军未能占到一点便宜，只好退回营寨中坚守不出。接着，袁绍阵营在极短的时间内，于阵前堆起了土丘，又在土丘上搭建起数层楼高的塔楼，然后以遮天蔽日般的箭雨，向曹营发动第二波的攻击。由于袁军具有居高临下的优势，使得曹操全营都暴露在敌人的射程之内，所有官兵都必须手拿盾牌掩护才能行动，因此苦不堪言。后来，曹操阵营的研发团队终于推出了可以发射巨石的"霹雳车"，才把袁军的箭塔高楼全都摧毁了。接着袁绍又使出以前击溃公孙瓒时用的方法，下令秘密挖掘地道，企图由地底对曹营发动突击。但曹操识破此计，便在营内事先挖掘不少横沟，破解了第三波的攻击。但是连番对战下来，兵力粮秣皆处于劣势的曹军，逐渐显出疲态。不但士兵们体力开始透支，连人民也不堪重负，纷纷投向袁绍阵营，曹操军团陷入前所未有的危机之中。

霹雳车

曹操阵营所研发的最新武器"霹雳车"，是一种利用杠杆原理的投石机。它借由人力的操作，可将数十公斤重的石块，很准确地掷向数十米远的目标，十分具有杀伤力，可用来摧毁敌人的高塔、箭楼等攻城设施。

徐晃烧毁袁军辎重

据首都方面传来的消息，曹操因前线战况吃紧，一度萌生弃守官渡、回防许都的想法。留守京师的荀彧获知这个讯息后，立刻回信给曹操，表示曹军目前以弱敌强，若无法制敌，一定会被敌人宰割，应当坚持下去，等待适当的时机必可出奇制胜。曹操随后接纳了荀彧的建议，下令加强防御工事，继续与袁绍僵持下去。不久之后，曹营截获情报，知道袁军有几千辆的运粮车即将抵达官渡。军师荀攸认为押粮官韩猛虽然武勇，但过于轻敌，可以派部将徐晃前去攻击。于是徐晃等得令出兵袭击，果然大破韩猛的护粮部队，把袁军所有的粮草车队都放火焚烧一空。袁绍阵营这次虽然损失惨重，但粮食供给并未出现太大的危机，后勤单位表示将迅速补拨更充沛的物资到前线。看来徐晃这次的烧粮行动，并未如预期般给袁军致命的一击，双方的对峙可能还要继续下去，而目前的情势仍是对曹军大大不利。

时势所迫 许攸改投曹操

袁曹两军对峙的情势出现重大转变。袁绍的重要参谋许攸日前已经叛投曹操，关于军事布置、后勤粮草等的机密情报极有可能外泄，对袁军将造成无可弥补的伤害，而袁绍阵营的发言人对此并不愿发表任何意见。据记者私下探访，许攸之所以叛逃，极有可能是因为家中有人在邺城触犯了法条，而被留守的官员审配逮捕下狱。袁绍阵营的内部原本就存在不和的问题，许攸担心自己会因此案受到牵连，便连夜投奔曹操阵营。而曹操一听到许攸到来的消息，则是兴奋得连鞋子都没穿就跑出去迎接。军事观察家一致认为，许攸的叛逃，可能会为这场战争投下一颗重磅炸弹。

曹操亲骑夜袭火烧乌巢

　　驻前线记者传回最新消息，袁绍大军的屯粮重地乌巢惊传被袭，目前正陷入一片火海之中。据闻偷袭的部队大约有五千人，可能由曹操亲自率领，并伪装成袁绍阵营的部队，沿途成功地骗过巡逻哨兵及检查站，在夜色中直抵乌巢，与负责护粮的淳于琼部队一万多人发生激战。此次行动，应该是由刚投奔曹营的谋士许攸提供重要情报并负责策划的。袁绍方面获得消息后，正紧急召开应对会议，但是否能立即做出正确反应，将伤害降到最低，正考验着袁绍的领导智慧。

曹操高明的伪装骗过袁绍沿途的守军，直抵乌巢

袁绍屯粮重地乌巢，目前已陷入一片火海

袁绍反击曹营无法攻克

　　对于乌巢被袭一事，袁绍在开会之后，决定派遣部将高览、张郃率军直接攻击曹操的大本营，要让曹操无家可归并自解乌巢之围。虽然张郃认为淳于琼的部队一定会被曹操攻破，若不先派兵救援的话，必定会造成无法挽回的伤害。但最后袁绍仍是批准了郭图先攻曹操大营的作战计划，只派出一队轻骑兵前往援救淳于琼。而曹营方面对于袁军的攻击，早就有了万全的防护准备，高览、张郃的部队在几番强攻之后，毫无所获，至今仍无法攻克。

心理战
败军割鼻逐回
袁军心惊胆战

由曹操亲自带领的突击队，在和淳于琼的乌巢守军激战时，遭到袁军本营派来的援军夹击。腹背受敌的曹操，率领兵士浴血奋战，以寡击众，竟然在劣势中大破袁军。不但斩杀了守将淳于琼，烧尽了袁军在乌巢的屯粮，更俘虏了一千多名战犯。不过这次曹操决定采用残酷血腥的心理战，将战俘的鼻子以及牛马的唇舌割下，逐回袁绍大营。袁绍阵营的官兵果然受到惊吓，陷入前所未有的恐慌之中。心理学家表

曹操残忍地将所有战俘的鼻子都割掉再放他们回去

示，目睹惨状的士兵可能会出现作战受创综合征，应尽快给予心理辅导及治疗。不过目前军队中并无心理咨询师的编制，看来袁绍阵营似乎只能任由此问题继续发酵。而人道组织对于曹操凌虐战犯的行为，已表示强烈的谴责。

受人诬陷　张郃高览无奈叛变

依前线传回的最新消息，奉命对曹操大营发起攻击的袁军大将张郃及高览，已经于阵前倒戈，并将攻城器具尽皆烧毁，然后向留守大营的曹洪投降。从随后张郃所发表的声明稿中可以看出，两人之所以会叛变，是因为情报显示，袁绍身边的重臣郭图想要推卸谋略错误的责任，竟向袁绍诬陷二人有谋反之心。而袁绍竟然也信以为真，准备下令将张郃及高览逮捕监禁。两人为求自保，只能无奈地选择投向曹营，以寻求庇护。分析家表示，高览、张郃两位大将的叛变，可说给了袁绍军团致命的打击。目前袁绍军中谣言四起，士气极度低迷，人心惶惶，部队随时有瓦解的危险。

曹操官渡获全胜　袁绍败逃渡黄河

袁绍军团最近连续遭逢重大挫败，又未能适时地安抚人心，在种种因素交互发酵之后，终于造成了整个军团的崩溃。一时之间，兵马四散，人畜惊走，情况完全失去控制。曹操见袁军溃散，便发动大军全力直取袁绍大本营。袁绍在军队已经土崩瓦解的情况之下，只能与其子袁谭，在仓皇中以布巾包着头，在八百名随扈骑兵的护卫下渡河逃走。

曹操引兵追杀不及，只好暂时任其渡河而去，并回头继续扫荡主战场。那些来不及逃走的袁军残部则是全部投降，曹军便顺势接收了袁军所留下的庞大物资、图书档案及金银珠宝。但是，对于那些投降的士卒，曹操则下令全数坑杀，被杀害者总计竟然达七万余人。官渡之战至此宣告结束，曹操以寡击众，获得空前的胜利。

轻量级的曹操于官渡之战中，彻底击败重量级的袁绍

120

既往不咎 曹操下令焚毁官员通敌信件

曹操在袁绍本营缴获的机密档案中，发现有许多中央政府官员和军中将领私底下与袁绍来往的书信。于是曹操便公开发表声明："面对军队实力如此强大的袁绍，连我都几乎不能自保，何况是别人呢。"随即下令，将所有书信即刻焚毁，不再追究此事。分析家认为，由于这批档案牵涉极广，又涉及叛国重罪，若严查究办的话，涉案者为求自保，可能会掀起一连串的反叛潮，而使局面难以收拾。曹操焚毁物证的举动，对于安抚战后人心，极具正面的效果及意义。

全都烧了！

里面有我的情书……

智囊之死 沮授田丰双赴阴曹

遭受惨败的袁绍渡河之后，开始收聚残余兵士，准备卷土重来。但旗下的重要智囊沮授，却在乱军之中被曹军所俘。与沮授原是旧识的曹操，一听到沮授被绑，便马上亲自为其解开捆缚，并希望他能归降。但沮授却以亲族都在袁绍手中，投降将危害族人为由坚持不降。曹操叹息说："我若早一点得到你的帮助，就不用忧心天下事了。"特别下令赦免沮授，并给予优厚的待遇，希望沮授能回心转意。只是不久后，沮授一逮到机会，便想脱逃。再度被捕后，曹操只好忍痛下令将其处决。另外，在袁军出发前就被囚禁在狱中的田丰，则是被袁绍亲自下令，斩杀于邺城大牢之内。据闻，

袁绍兵败后，曾有人在牢中告诉田丰，说："这战况果然如你所料的一般，袁绍被曹操打败了。袁绍在验证了你的真知灼见之后，相信今后必定会重用你。"但田丰却无奈地回答说："袁绍表面宽和但内心却充满猜忌，如果赢了这仗，我或许还有救，今日战败必定恼羞成怒，我命必休矣。"果然袁绍在逢纪等人的煽动下，深觉必被田丰所耻笑，便下令将其处死。政治评论家一致认为，袁绍虽然重新集结部队，企图东山再起，但官渡一役对其杀伤力实在太大，应该已确定出局。而北方由曹操独霸的态势已然形成，未来他极有可能统一全国，称雄天下。

相见恨晚
孙权鲁肃促膝长谈

之前举家迁居曲阿的鲁肃，在周瑜的引荐下，终于获得与江东集团负责人孙权面谈的机会。结果孙权一与鲁肃见面便相谈甚欢，在宴席散去后，还特地将鲁肃留下。然后两人合榻对饮，畅谈天下大事，直到三更半夜还意犹未尽。政治评论家预测，鲁肃必定是继周瑜之后，将在孙权集团中扮演重要角色的一个人。

沃野千里　精兵十万　刘表自命不凡

荆州牧（地方行政长官）刘表趁着之前曹袁两军在官渡相持时，加强对长沙、零陵、桂阳等郡的攻势，终于成功地扩大地盘，成为一个拥有沃野千里、带甲精兵十万的大军阀。在自我感觉良好的心态驱使下，刘表近来不再向中央政府朝贡，甚至开始像天子般祭祀天地，连服装、居所的规格，都自动升成和皇帝相同的等级。

第 三 章

赤壁鏖兵　孙权东踞

（公元二〇一年～二〇八年）

本章大事件

▸ 刘备投奔刘表
  驻军新野

▸ 张天师嫡孙布道
  张鲁进据汉中

▸ 袁氏二代退守邺城
  郭嘉静待自相残杀

▸ 江东新锐霸主孙权
  西打黄祖南平山越

公元二〇一年 | **公元二〇二年** | **公元二〇三年** | **公元二〇四年**

▸ 袁绍悲愤辞世
  二代恐爆继承风波

▸ 长子袁谭奔丧不及
  三子袁尚继袁绍位

▸ 马腾密结袁军
  曹军腹背受敌

▸ 刘备烧营遁走
  夏侯中计大败

▸ 螳螂捕蝉
  黄雀在后
  袁尚领兵击兄
  曹操大军攻邺

▸ 内外夹击失效
  袁尚急奔中山国

▸ 政府军攻陷邺城

▸ 许攸恃功而骄
  惨遭诛杀
  高幹并州献降
  续任刺史

▸ 犀利徐氏
  报杀夫之仇

- 力排众议　郭嘉定计攻乌桓
- 轻装精锐以寡击众
  曹操击垮乌桓联军
- 神机妙算　曹操坐待二袁首级
- 袁氏势力画上句点
  公孙康献二袁人头
- 未听刘备之言　刘表失袭曹良机
- 孙权西打黄祖　甘宁射死凌操
- 三顾庐　刘备亲访卧龙诸葛
  隆中对　孔明规划三分天下

- 曹操斩杀袁谭
  掌控北方
  重用当地名士
  收拢人心

公元二〇五年　　**公元二〇六年**　　**公元二〇七年**　　**公元二〇八年**

- 曹操亲击并州
  高干被捕斩首
- 海盗现身
  乐进李典击退

- 郭嘉病死军中
  曹操痛失智囊
- 中央政府大改制
  废除三公另设丞相
- 司马懿佯病险入狱
- 江东集团　有意联刘抗曹
- 刘备快闪
  追随军民十余万人
- 刘备兵败当阳
  张飞长坂断后
- 奋不顾身　赵子龙单骑救主
- 江东文官一面倒
  会议结果倾向降曹
- 情势紧绷　两军赤壁对峙
- 【罗贯中专栏】草船借箭
- 政府军严重受挫
  曹丞相遁走华容
- 真相大白　黄盖诈降居首功
- 刘备趁乱夺取荆州四郡

年度热搜榜

政府军终止南进计划

在官渡一战获得决定性胜利之后，政府军为了应付庞大的军粮支出，在司空（三公之一）曹操的命令下，将大军移驻到今年粮食丰收的安民。据记者采访到的独家消息，曹操在本部参谋会议上提出了所谓的"南进计划"，认为应趁袁绍新败之际，对荆州刘表发动攻击。但在会议上，荀彧则持相反意见，认为正因袁绍刚被击败，所以应在其人心尚未收拢、军队不及整编之时，给予致命一击，否则给了袁绍喘息的机会，他极有可能趁大军南进远征、后防空虚的时候重新收拾残部，发动奇袭。曹操在听过荀彧的分析之后，决定暂时中止自己所提出的南进计划，全力扫荡北方势力，不让袁绍有任何苟延残喘的机会。

曹操不让袁绍有丝毫喘息的机会

欲振乏力
袁绍再度败北

今年（二〇一年）四月，前线传回最新战报，由曹操所率领的政府军沿黄河一路挺进，再度击败了驻守在仓亭的袁绍部队。这次的军事行动，无疑让日益窘迫的袁绍在形势上雪上加霜。

刘备投奔刘表　驻军新野

今年（二〇一年）九月，曹操返抵首都许县后不久，便又亲自率军攻击在汝南一带活动的刘备。在政府军强大的压力下，兵力有限的刘备只能转往荆州投靠刘表，而原本和刘备一起行动的龚都所率领的民兵部队，则已被政府军所击溃。刘备到了荆州之后，不但得到极度的礼遇，还获得了兵员上的补充，目前已被刘表安排驻屯在新野。

126

益州内乱 刺史刘璋拒绝卸任

由刘璋掌控的益州日前传出动乱，中郎将（部队指挥官）赵韪（音委）率领数万人的民兵部队，突然包围州政府的所在地成都，并发动猛烈攻击。根据深入了解，现任益州牧刘璋的父亲刘焉在掌政时期，收编了一批由外地逃亡到益州的难民，称为"东州兵团"。但是由于刘璋的性情过于宽柔而没有威信，无法有效地管理这支部队，以至于不时发生当地百姓遭到东州兵团烧杀抢夺、奸淫掳掠的暴行。赵韪屡次请求州政府重视并处理此问题，但刘璋却再三推托。最后民怨有如滚雪球一般到了不可收拾的地步，赵韪便收聚当地民众，并与荆州刘表相结盟，正式向州政府宣战，出兵包围东州兵团。但遭逢绝境的东州兵团反而拼死力敌，击败了赵韪部队并将其斩杀。中央政府得知益州内乱的消息之后，便另行任命五官中郎将（部队指挥官）牛亶为益州刺史（地方行政长官），并下令征召刘璋回中央为卿（高级官员），但此一任命已被刘璋正式拒绝。

大人，这公文上说要解除您的职务……怎么办？

笨蛋！你不知道旁边那个箱子是干吗的吗……

乱丢是垃圾 回收是资源

纸类

益州刺史刘璋考绩不佳，被中央下令解除职务

张天师嫡孙布道 张鲁进据汉中

五斗米道创始人张陵的嫡孙张鲁，挟着父亲张衡所传下的剑符及广大信众，在吞并了同僚张修的部众之后，声势日渐壮大。由于益州牧（地方行政长官）刘璋又借故把张鲁的母亲与弟弟下令处死了，再加上二人间的权力斗争，使得张鲁终于下定决心，正式宣布与益州政府脱离关系，并占领汉中与刘璋对抗。刘璋虽然立即派兵加以讨伐，但几次对阵之下却迟迟不能取胜，导致张鲁趁机稳据汉中，然后又出兵夺取巴郡。中央政府在经过评估之后认为目前暂时没有能力处理，于是只好决定加以安抚，顺势将张鲁任命为镇民中郎将（部队指挥官），兼汉宁太守（地方行政长官）。

五斗米道

"五斗米道"为张陵（亦称为张道陵）于汉顺帝时，在鹤鸣山所创建。张陵自称太上老君"授以三天正法，命为天师，为三天法师正一真人"，并造二十四篇道书。凡入道者须出五斗米，故称"五斗米道"，世人亦称为"米贼"。道中以鬼神教化，凡有病痛者，皆应坦承己过，并饮符水治病。初入道者称为"鬼卒"，其上为"祭酒"，再上为"大祭酒"。

被称为张天师的张陵在一百二十三岁高龄辞世后，将教义及信众传予其子张衡，张衡死后，又传子张鲁。张鲁脱离刘璋自行占据汉中后，建立了政教合一的政权。对于犯错的人，会给予三次原谅的机会，若有再犯者才施以刑罚。在他势力范围中不论是汉人还是少数民族，都因制度简单容易了解及遵守，而乐于奉行。

年度热搜榜

袁绍悲愤辞世
二代恐爆继承风波

大将军（高级军事将领）兼冀州牧袁绍自从官渡兵败之后，一直陷于极度忧郁及悲愤之中，而严重影响生理健康，终于吐血不止，于今年（二〇二年）五月辞世。袁绍出身名门，自高祖父以下，四代皆任三公（司徒、司空、太尉，政府最高级官员）。在大将军何进掌权时期，袁绍曾献策建议密召董卓入京，造成了日后董卓独霸朝政的乱象。在何进被宦官所杀后，也是由袁绍率领军队强行进入皇宫，对宦官展开血腥屠杀。公元一九〇年，他被推举为反董卓联盟的领袖，但在各军团相互观望、互相猜忌的状况下，后来联盟自行瓦解。在一连串的争战中，袁绍击败公孙瓒，控制范围遍及冀、幽、并、青四州，

成为北方最具实力的军阀。不过在与曹操争霸的过程中，由于一开始就错失了迎奉天子的先机，又在决策的过程中丧失理智的判断，接连地否决了可以制胜的关键性建议，以至于在官渡一役中遭受挫败，从此一蹶不振，走向败亡之路。袁绍有三子，袁谭、袁熙、袁尚，但由于他宠爱继妻的缘故，所以也特别宠爱幼子袁尚。根据熟悉袁氏内部事务的人士表示，袁绍之所以将长子过继给兄长并外派为青州刺史，将次子袁熙也外派为幽州刺史（地方行政长官），就是为了让袁尚得以顺利接班所做的准备。不过由于袁绍生前并未正式宣布继任者人选，预料袁氏二代将爆发严重的继位之争。

长子袁谭奔丧不及
三子袁尚继袁绍位

三弟！让我进去见老爸一面……

滚开！里面没有你的位置……

袁绍长子袁谭奔丧不及，被幼子袁尚抢得先机，继承大位

袁绍集团日前发出了正式声明，确定第二代幼子袁尚出线，继承袁绍的所有事业及权力。这份依据袁绍遗命所传达的声明，在集团内部已引起轩然大波，让原本拥护长子袁谭的人感到错愕不已。甚至有传言指出所谓的袁绍遗命根本是假造的，因为负责发布的幕僚审配，原本就被长子袁谭所厌恶，又和拥长子派的辛评、郭图等幕僚极度不和。审配为免袁谭掌权之后，自己受到迫害，于是便假传遗命由袁尚继承。但袁尚方面则极力驳斥此一说法，认为散布这些言论是极端不负责且恶毒的行为，并强调继承的合法性。而派驻在外的长子袁谭，虽在闻讯后立即赶回奔丧，但已失去先机，只能眼睁睁地看着老弟袁尚坐上集团大位。不过政治评论家一致认为，袁氏集团的内部继承权争夺战，不仅尚未落幕，相反地，才刚开始要迈向白热化的阶段。

曹操击败袁氏二代

袁谭在夺位之争失利后，便自称车骑将军（高级将领），暂时屯兵黎阳，并向袁尚要求增加部队以对抗曹操。但袁尚只愿意增补一小部分兵源，并派参谋逢纪随军前往监控。随后袁谭再度要求增派更多的兵力，但在审配等人商议后这一要求已被正式拒绝。袁谭收到消息后立即斩杀逢纪，并表达强烈的不满。九月时，由于曹操率军渡河展开攻击，兵力不足的袁谭只能向袁尚紧急求援。袁尚在评估情势之后，命令审配留守，亲自领兵前往救援。不过联手出击的袁氏二代，战斗力依然不敌曹操，在接连遭受败绩之后，袁谭及袁尚已退回阵地固守，另图他策。

袁军会同匈奴　强攻河东

根据最新消息，由袁尚任命的河东太守（地方行政长官）郭援，与袁绍的外甥并州刺史（地方行政长官）高干，联合了南匈奴的部队，已强行攻克河东郡。沿途连下数城的这支袁氏外围军团，与青、幽、冀三州的袁氏二代主力兵团，再加上荆州的刘表，已对曹操阵营逐渐形成包围的态势。分析家指出，未来需要注意的是关中一带的动向，因为关中地区的马腾等将领，原本就和曹营的渊源不深，一旦态度转变，极有可能使以曹操为首的政府军陷入前所未有的困境。

南匈奴王国加入袁军阵营，对曹操形成极大威胁

马腾密结袁军
曹军腹背受敌

为了解除背后的威胁，曹操下令司隶校尉（监察官）钟繇，率军围攻南匈奴的王都平阳。但由于袁军之前已和关中地区马腾等将领密结同盟，所以在平阳尚未攻陷之前，马腾的援军便已开到，使钟繇的部队被包夹其中。照目前的趋势来看，除非有意外的转折，不然进退失据、腹背受敌的钟繇，溃败或投降应该是迟早的事。而如此一来，也将对曹操在北方战线的布局造成重大的影响与打击。

阵前倒戈！马腾弃袁投曹

根据平阳传回的战地报道，原本被四面包围、陷入困境的钟繇，竟然只靠着派出密使前往马腾阵营游说，就让马腾的部队阵前倒戈，转而支持曹军。马腾在使者的劝说之下，立即派儿子马超率领一万余人的部队，加入钟繇阵营，以共同对抗袁系的郭援部队。重获新生的曹军，不但趁郭援部队渡河时将之击溃，并取下郭援本人的首级，也展现了惊人的战斗力，让南匈奴俯首投降。马腾、马超父子俩的实际行动，已经完全粉碎了袁氏集团包围曹操的全盘计划，将苟延残喘的袁氏第二代，进一步推向败亡的边缘。

刘备烧营遁走　夏侯中计大败

刘备奉荆州牧（地方行政长官）刘表之命，率兵北侵叶县，以和袁军南北呼应。曹操方面则派遣夏侯惇、于禁等将领南下截击。两军才一接触，刘备便放火焚烧自己的营寨，然后撤兵退去。夏侯惇见状便下令全军追击，曹军另一将领李典持反对意见，认为刘备无故烧营撤退，且前方路狭草深，必有埋伏，不应追赶。但是夏侯惇并未接受建议，仍命李典留守，而亲自领军追击刘备，后来果然遭到刘备的伏击而大败。幸而留守的李典及时率兵来救，刘备才领兵退去。

真的要放火烧掉吗？人家昨天才用凯蒂猫布置好的……

烧吧！大哥下次再买更可爱的给你。

刘备下令焚烧自己的营寨，以诱骗敌军追击

132

曹操要求**送子为质** 孙权听计**不理此事**

孙权收到司空（三公之一）曹操要求"任子"（原意是高官可推荐自己的儿子到首都任官，但在此战乱之时，已演变成送出儿子当人质以表忠诚）的要求后，便召集核心幕僚共同商议对策，只是在会议之中，张昭等人犹豫不决，所以最后未能达成共识。于是孙权便邀周瑜，一同前往谒见母亲吴太夫人以定议此事。周瑜认为一旦送出人质，便会受制于人，目前不如静观其变。吴太夫人对此也持相同的看法，并对孙权说："公瑾（周瑜）的话十分有理，他与你的兄长孙策同年，只小一个月，我把他当作自己的儿子，你也应当如兄长般看待他。"于是孙权便决定听从周瑜的意见，不送子为质。

孙权与周瑜一同拜见吴太夫人，终于决定不送子为质

年度热搜榜

【东汉·建安八年】公元二〇三年

袁氏二代退守邺城　郭嘉静待自相残杀

　　今年（二〇三年）二月，曹操于黎阳发动攻势，与袁谭、袁尚的联军在城下大战。袁氏兄弟再度大败，逃回大本营邺城固守。到了四月，曹军追至邺城，时值小麦成熟，便将其田间的小麦尽皆收割据为己有。随后曹操召开军事会议讨论后续行动，众将领皆主张应乘胜攻城，唯独重要智囊郭嘉提出相反意见。郭嘉认为两袁之间因继承问题早有嫌隙，若攻之太急，则只能合作以求自保。如果暂停攻势，一段时间之后他们必定会爆发内斗而自相残杀。于是曹操决定采取郭嘉的策略，退兵返回首都，只留下一部分军队镇守黎阳，暂时将目标转向南边的荆州，等到袁氏自爆内乱时，再回头一举歼灭。

我就说过不了多久，他们兄弟就会自相残杀了吧……

嗯！

袁谭、袁尚兄弟果然如郭嘉所料内斗不已

兄弟阋墙
袁谭袁尚武力相向

　　袁谭日前以铠甲不够精良为由，向袁尚提出增补兵员及更新装备，以便趁曹军南撤渡河之际发动攻击的要求。但袁尚可能对袁谭仍有所顾忌，生怕其借机壮大并对自己不利，所以冀州大本营已正式拒绝袁谭的要求，既不拨补兵员，也不允许更换铠甲装备。袁谭得到回复后，以实际行动来表达他的震怒，立即出兵攻击袁尚。目前双方的部队正在邺城门外，进行激烈的交战。

政府军调动频繁
目标为荆州刘表

　　政府军自五月由邺城撤回后，经过三个月的休养整备，最近又调动频繁，大军陆续于西平集结。军事观察家指出，根据这些迹象判断，此次的行动目标应是荆州的刘表，而且应该在短时间之内便会采取必要的军事行动。

袁谭退无可退 竟向曹操求援

在邺城城下的袁氏二代会战，最终由袁尚获得胜利，袁谭则率兵退回南皮。但极欲斩草除根的袁尚并不打算让大哥袁谭有喘息的机会，随即又亲率大军追击。两军再度交锋，袁谭仍以失败收场，只好再逃到平原城内固守。袁尚同时也下令将平原紧密包围，并发动猛烈的攻击，企图迫使袁谭屈服。已无退路的袁谭，只好派人向宿敌曹操求援，希望获得一线生机。而与袁氏集团关系良好的荆州牧刘表，也分别致信给袁谭及袁尚，希望能扮演和事佬的角色，让彼此容忍合作以共御曹操。但据了解，袁谭及袁尚双方都不愿接受调停。如此一来，曹操是否愿意出兵介入，则必将成为袁氏二代斗争中的决定性因素。

曹爷，以前都是我老爸不对！您大人有大量……帮我除掉我老弟吧……

袁谭转向宿敌曹操求援

江东新锐霸王孙权 西打黄祖南平山越

江东集团的新锐领袖孙权，日前发兵西进攻击黄祖，大破其水军，并展开围城之战。不过就在攻城的同时，南方却传来山越部落叛变的消息，于是孙权只好放弃攻城，迅速回军以稳固后方。随后孙权下令由吕范、程普、太史慈、黄盖、韩当、周泰、吕蒙，以及贺齐等将领，分别率领所部军马，立即出兵讨伐各地集结的乱民团体，迅速荡平了动乱。

大军北进 曹操舍刘表救袁谭

在袁谭派出的使者抵达政府军驻扎在西平的大本营，并急切地表达请求援助之意后，曹操立即为此召开参谋会议。虽然与会者大多表示仍应照原定计划，先一举拿下刘表的地盘，但核心智囊荀攸却力排众议，认为应趁二袁内斗纷乱之际，一口气将袁氏势力消灭，否则一旦袁尚吞并了袁谭，力量便又重新集中，到时反而不易对付。曹操最后同意荀攸的观点，决定暂时搁置对刘表阵营的军事计划，先行发兵拯救已陷生死边缘的袁谭，大军遂于十月时开抵黎阳。袁尚对曹军有所顾忌，便立刻解除在平原对袁谭的围困，退返大本营邺城。曹操为了安抚袁谭，特别替儿子曹整下聘，迎娶袁谭的女儿，企图以政治联姻来稳固双方的关系。一切就绪之后，曹操随即班师。

年度热搜榜

【东汉·建安九年】公元二〇四年

未来输粮利器
人造运河开工

　　由司空（三公之一）曹操规划的重点水利工程，于元月正式开工，该工程将淇水堵塞使其流入白沟，并开凿人造运河，连通黄河。未来军粮的运输效率，将向前跨越一大步，更有利于政府军的作战补给。

曹操巡视重要的运河工程

螳螂捕蝉 黄雀在后 袁尚领兵击兄 曹操大军攻邺

　　去年（二〇三年）才刚因曹操大军抵达黎阳而撤平原之围回到邺城的袁尚，今年（二〇四年）二月不知何故，竟无视曹军的存在，令审配留守邺城，再度领兵对据守平原的袁谭发动攻击。曹操见袁尚大军尽出、后防空虚，便立即下令将大军推进到邺城城下，堆土山掘地道，猛烈攻城。四月时，曹操留下曹洪继续攻城，而自己则亲率另一支部队先后攻陷毛城、邯郸两地，切断袁军西方与北方的援军及粮道，彻底孤立邺城。

收拢人心 降将封侯

　　袁氏集团辖下的易阳、涉县两地，举县向政府军献城投降。曹操的部将徐晃建议应予以厚赏，以作为其他诸城的样板，达到招揽人心的效果。曹操接受此项建议，授予二城县令韩范、梁岐关内侯的爵位。之后，黑山贼首领张燕亦派出使者，表示顺服并请求援助，曹操也随即任命张燕为平北将军（部队指挥官）。

136

掘 壕 灌 水　邺 城 断 粮

正在围困邺城的政府军又有进一步的动作，司空（三公之一）曹操放弃原本拟定的攻城计划，将已构筑的土山铲平、地道填实，改以壕沟围城。此次挖掘的壕沟虽然长达四十余里，但所掘的深度太浅，甚至可以涉水而过。连留守邺城的审配见到曹军挖了这么条不像样的壕沟，都不禁放声大笑，也懒得在曹军挖沟时派兵破坏。不过，整个战况却突然发生戏剧性的变化，第二天天亮时，守城的士兵骇然惊觉，曹操已派人在一夜之间，将壕沟加大成宽深各二丈的巨型水道，并引漳河的水流灌其中。这项行动，成功地阻绝了邺城对外的所有往来，不久城中便因缺粮产生重大危机，有超过一半的民众因此饿死。目前邺城管理当局尚无法提出有效的应对之策。

137

不可能的任务 I……

被曹军围困的邺城，日前传出宛若电影情节般的精彩谍报戏码。主角是袁尚阵营的主簿（中级官员）李孚，他奉袁尚之命欲潜入邺城通报大军即将回救的消息。但因邺城早已被曹军围得水泄不通，李孚便率领三名卫士，身着军官服装，马鞍旁挂着自制的问事杖，在傍晚时分，大大咧咧地骑着马，假冒曹军的都督（指挥官），由北边进入曹军营区。李孚一路向东巡视，沿途不但高调地纠正及苛责围城的军士，更依犯规轻重分别加以处罚。到了南边，又以失职为由怒斥负责包围邺城南门的军士，并将之捆绑。接着便打开曹军营门，策马狂奔到邺城城下，向守军呼喊。守军见状，迅速垂下绳索，将李孚等人吊上城中。负责围城的曹军发现被骗后，立即向曹操回

报此事，但据闻曹操也只笑着回答说："他不仅能顺利入城，还能顺利出城。"似乎也不以为意。果然到了夜晚，邺城从南面三个门同时逐出数千名老弱，手持白旗向曹军投降。而李孚等人又换穿和这些投降者相同的服装，趁乱混在人群中，突围离去。

袁尚归师救邺　曹操拟定对策

今年（二〇四年）七月，曹操阵营得到袁尚即将率领大军一万余人回救邺城的消息后，便召开军事会议以商讨对策。据可靠的消息来源，与会的大部分将领均认为，依据《孙子兵法》中"归师勿遏"的说法，应该避开袁尚这支人人必然死战的"归师"，不要与其硬碰才是上策。但在学术界《孙子兵法》的研究领域中，堪称执牛耳地位的曹操，却提出了更深入的观点。他认为两军对战，局势瞬息万变，必须视实际的情况做出必要的调整。如果袁军从大道而来，就表示其不顾一切，有必死的决心，那么便该躲开。如果袁军沿西山山道而来，表示其倚险自保，没有誓死之心，便可以一举成擒。最后曹军阵营形成共识，将视袁尚部队的未来动向，做出必要的反应。

内外夹击失效
袁尚急奔中山国

袁尚军队沿西山回救，在离邺城约十七里处扎营。到了夜间，袁尚军举火以为暗号，城中也举火相互呼应。守城的审配遂率军由北门出战，企图与援军内外夹击曹军。但曹操立刻下令强力攻击审配军，审配无法抵挡曹军激烈的攻击，只好再退回城中固守。曹操兵锋一转，又马上回击袁尚部队。袁尚大败，撤退到漳河曲流之处扎营，曹军随即展开包围。袁尚惊魂未定，不敢再战，立即派出使者请降。但曹操不但拒绝，还发动更猛烈的攻势，袁尚只好乘夜遁走，退据祁山。势如破竹的曹军再度包围逼迫，强大的压力终于迫使袁营部将马延等人阵前投降，整个袁氏军团也在一瞬间土崩瓦解，而袁尚本人则在乱军之中逃往中山。

曹操阵前巡视
险遭狙击

曹军在击溃袁尚之后，收缴了敌营的所有辎重，当中除了数万件头盔战甲、刀剑枪戟，以及弓弩箭镞等军械用品外，还得到了袁尚继承而来的大将军（高级军事将领）及邟乡侯印信、斧钺符节等物品。曹军随后将这些东西拿来向城中展示，此举果然使苦守邺城的军士受到重大打击，士气逐渐不振。但守城将领审配仍不放弃，继续对守城士卒施以精神激励，只是效果似乎并不如预期，城中各处防守开始出现松动的现象。另外，曾有目击者指出，曹操在阵前巡视时，被审配所埋伏的弓箭手射中。但事后已证实是误传，该名狙击手并未得手，曹操目前仍在大营中指挥若定。

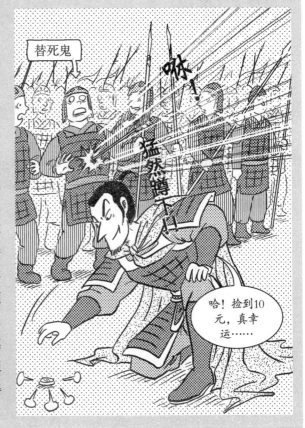

三兄弟恩仇录

袁谭强袭 袁尚败投二哥袁熙

原本已经归降曹操的袁谭，在曹操兵围邺城的时候，竟然又乘机背叛，出兵掠取甘陵、安平、勃海、河间等地。不仅如此，袁谭还对他的同胞兄弟穷追猛打，随后又向袁尚退守的中山发动攻击。袁尚无法抵挡，只好转往故安投奔袁氏兄弟中排行第二的袁熙。

政府军攻陷邺城

邺城的防守果然出现大漏洞，东门守将，也就是审配的侄子审荣，私自打开东门让曹军入城，而审配也在随后发生的战斗中被生擒。曹操见到审配时，有意宽恕他，还笑着对他说："前几天我在阵前巡视时，你的弓箭可真多啊。"但审配对答："我还恨太少呢。"由于审配一直不肯归降，曹操最后下令将其斩杀。

司空亲奠大将军 痛哭流涕

司空（三公之一）曹操在进入邺城后，亲自前往已故大将军（高级军事将领）袁绍的墓前祭奠。整个典礼庄严肃穆，曹操在坟前痛哭流涕，极尽哀悼之情。曹操表示，两人虽然在战场上针锋相对，誓不两立，但实为幼时旧识。还记得有一次，两人一同起兵反董卓时，袁绍就问曹操："若大事不成，你有何处可以据守？"曹操回答说："那你认为如何呢？"袁绍说："我可以南据黄河之险，北依燕代之地，收并戎狄蛮族的兵力，南进争夺天下。"曹操则说："我只要招纳天下的智囊及勇将，以正道来领导这些人才，无论在什么地方都没有关系。"奠祭仪式结束之后，曹操还特别前往安慰袁绍遗孀，并发还袁家的珍宝财物，致送布匹等物品，并承诺提供抚恤，由政府负责照顾余生。

大人，您为何哭得如此伤心啊？

呜～

我想到袁绍小时候向我借的100元没有还我……

曹操亲自到故友袁绍的墓前痛哭祭奠

曹操本营 邺城落脚

今年（二〇四年）九月，东汉皇帝刘协下诏，任命曹操兼任冀州牧（地方行政长官）。随后曹操亦正式辞去兖州牧一职，将集团大本营搬迁到邺城。

许攸恃功而骄　惨遭诛杀
高幹并州献降　续任刺史

官渡之战中，在关键时刻由袁绍阵营投奔曹营，促成乌巢烧粮，为曹操立下首功的谋士许攸，日前证实已被曹操下令诛杀。虽然详细情形政府尚未出面说明，但已知应和许攸恃功而骄的傲慢态度有直接的关系。据传许攸曾在公开场合，大声呼喊说："阿瞒（曹操的小名），今天如果不是我的话，你是得不到冀州的啊。"曹操听到后虽然笑着回答："是啊，你说得对极了。"但许攸的这句话，极有可能已为自己引来杀机。另外，袁绍的外甥、并州刺史高幹，在评估整体情势后也放弃抵抗，开城献降，仍被曹操留用为并州刺史。

政府军下一目标——袁谭

政府军在攻克邺城后，将矛头指向袁谭，在大军出发之前，曹操还特地发函谴责其背叛的行为，并将袁谭所嫁的女儿送回。十二月时，袁谭因曹军进逼而放弃平原退守南皮，并沿清河屯兵布阵。曹军则顺势开进平原，攻克附近诸县，准备对袁谭展开总攻击。

爸……都是你害的啦……人家还没度蜜月就离婚了。

曹操因袁谭背叛愤而取消婚约，准备动武

孙权亲弟被刺身亡　遗孀竟与仇人订下婚约

江东集团辖下的丹阳郡发生叛变，太守（地方行政长官）孙翊，也就是集团领袖孙权之弟，遭到丹阳大都督（指挥官）妫览等人刺杀身亡。妫览随后发现孙翊的妻子徐氏颇有姿色，便想要逼娶徐氏为妻。徐氏在不得已的情况之下，也只能答应妫览，待孙翊丧奠之期结束再与其成婚。消息一传出，丹阳人士均深感错愕，因为在孙翊生前，夫妻两人的感情一直为人称羡，没想到孙翊尸骨未寒，徐氏便答应改嫁，而且是嫁给杀死自己丈夫的仇人。不过也有熟识徐氏的友人指出，此事可能并不如外界所想的那么单纯。

乌桓王摇摆不定　宴会爆发全武行

乌桓宴会上爆发曹营使者殴打辽东使者的暴力事件

一向亲袁氏的乌桓部落在收到袁谭的求援后，打算派出五千名骑兵南下协助作战。正好代表中央政府的曹操以及自称辽东侯兼平州牧（地方行政长官）的公孙康，双方都派出使者前往乌桓安抚及游说，并各自开出封乌桓王为单于或代理单于的条件，希望能拉拢其力量引为己用。而举棋不定的乌桓王因无法审度虚实及利害，便召集各部落的酋长及臣属部下商议此事，同时也邀请曹营及辽东双方的使者一同与会，并就各自的论点加以陈述。忽然之间，曹营代表首先发难，不但大声斥责辽东代表，抓住他的头猛撞地面，更拔出佩刀当场就要将其斩杀。在座的所有人都被这突如其来的举动吓得惊恐颤抖，乌桓王情急之下连鞋子都来不及穿，就冲向前抱住曹营使者，请求赦免辽东代表以免事态变得更为复杂。代表中央政府的曹营使者，在乌桓王的调解下才回到自己的座位，再次向乌桓王分析成败之效、祸福所归。而所有与会者在此震撼教育之后，一致离开座席跪伏于地，表明愿意接受中央政府命令及指挥以示忠诚。会后乌桓王随即下令遣回辽东使者，并取消出兵援助袁谭的计划。

犀利徐氏 报杀夫之仇

在丹阳沸扬一时的孙翊妻改嫁仇人案，于日前出现重大转折。徐氏在丧满除服之后，竟不顾旁人的眼光，立即换上华服、熏香沐浴，言笑欢悦地期待婚期的来到。而刺杀徐氏先夫孙翊的元凶妫览，不久便应徐氏之邀，兴高采烈地进入其卧房之中，准备度过他愉快的新婚之夜。只不过妫览才一进入卧室，便遭到格杀，连随行的同伙党羽，也一并在庭院被就地正法。原来徐氏早在一开始，便密与孙翊的心腹部将商议复仇大计，先假装答应妫览的要求，松懈其戒心。同时让心腹部将躲藏在卧室及庭院之中，等妫览自投罗网。事成之后，徐氏又换回丧服，并以妫览等凶手的人头祭拜孙翊之坟。徐氏的忍辱复仇终于真相大白，全军皆感震撼。

年度热搜榜

【东汉·建安十年】公元二〇五年

曹操斩杀袁谭 掌控北方

元月，曹操对据守南皮的袁谭发动总攻击，乌桓来援无望且已无退路的袁谭只好拼死作战。此过程中双方爆发激烈战斗，曹营的兵士死伤亦非常惨重，据说曹操还一度打算暂时减缓攻势，稍微后撤以重新整顿。但曹纯认为孤军深入难以持久，若不能立即克敌而撤退，必使全军士气溃散。曹操接受了曹纯的建议，便亲擂战鼓加强攻势，终于破

重用当地名士 收拢人心

城斩杀袁谭。曹操随即着手稳定新版图，依照郭嘉的建议，大量起用青、冀、幽、并四州的名士为当地政府官员，以稳定政治局势，收拢人心。对于袁营旧属有才能者，如李孚、王修、管统、陈琳等人也加以重用，不过当时引发袁氏内斗的郭图等人，曹操并不屑任用，早在城破之时就已被下令诛杀，以绝后患。

涉及公然侮辱
陈琳道歉 曹操不予追究

官渡之战时，帮袁绍撰写讨伐曹操檄文的主笔陈琳，在归降曹营后不久，便被司空（三公之一）曹操召见。由于陈琳在文告中不但细数曹操的罪恶，称曹操为狡猾奸恶、虚仁假义的盗墓贼，还丑化并诋毁其祖父中常侍曹腾为饕餮放横、伤化虐民的妖孽，父亲曹嵩是个由宦官领养、输货权门的赃官。所以曹操特别质问陈琳，两军相争，檄文应该只攻击曹操本人，为何连祖先也加以辱骂。陈琳回答说"箭在弦上，不得不发"，并当场认罪请求宽恕。曹操听了之后只是大笑，不但对于陈琳公然侮辱毁谤的刑责不予追究，还将其任命为司空府的文书官。

143

难兄难弟
袁熙遭部下叛变
偕袁尚投靠乌桓

袁绍的次子幽州刺史袁熙，在他弟弟袁尚前来投靠之后就衰事连连，不但遭到背叛部将的攻击，还把整个领地给弄丢了。于是，原本的天之骄子，一下子变成了丧家之犬，难兄难弟只好一同逃往辽西的乌桓部落避难。而原属袁熙地盘的各郡县长官，也见风转舵，在第一时间便向曹操阵营表达归顺之意，连同率领十余万部队来降的黑山贼首领张燕，一起被中央政府封为侯爵。

袁熙、袁尚两兄弟时运不济，相偕逃往乌桓避难

善变高幹反复无常 ···

去年（二〇四年）年底才对曹操表示忠诚的袁绍外甥，并州刺史高幹，得到曹操于今年（二〇五年）八月出兵讨伐乌桓部落的消息，便趁此机会背叛曹操，生擒上党太守，并举兵扼守壶关口。曹操闻讯后，派部将乐进、李典前往迎击。

高幹投靠曹操阵营不到一年的时间，便又传出反叛的消息

年度热搜榜

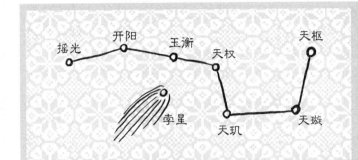

北斗七星异象

　　元月，由天枢、天璇、天玑、天权、玉衡、开阳、摇光所组成的北斗七星旁，出现孛星（彗星），相传将会引起灾祸，天文单位正密切关注。

曹操亲击并州
高幹被捕斩首

　　曹操命世子（法定继承人）曹丕留守大本营邺城，亲自率兵包围屯兵壶关的高幹。不久，壶关投降，高幹则只身逃往匈奴王国向其单于（匈奴部落联盟首领）求救，但被断然拒绝。高幹随即向南展开逃亡，企图到荆州投靠刘表，但中途就被捕获，未逃斩首的命运。

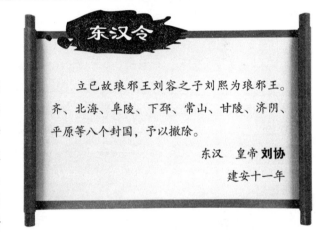

东汉令

立已故琅邪王刘容之子刘熙为琅邪王。齐、北海、阜陵、下邳、常山、甘陵、济阴、平原等八个封国，予以撤除。

东汉　皇帝 刘协
建安十一年

海盗现身
乐进李典击退

　　八月，沿海地区屡传海盗骚扰事件，司空（三公之一）曹操率领大军前往淳于一带围剿。曹操派乐进、李典发动攻击，大破海贼，迫使海贼头目逃往海岛。

政府再次开凿输粮运河
积极准备征讨乌桓

　　去年（二〇五年）袁熙、袁尚兄弟前往辽西的乌桓部落，投奔拥有强大武力的酋长蹋顿。因蹋顿在袁绍时期就与袁氏有不错的交情，所以这次打算出兵帮助袁尚收复失去的领土，于是便不断地派兵侵入边关，掠劫百姓。中央政府为彻底根绝此一大患，下令开挖南北向的平虏渠及泉州渠，以便在发兵征讨乌桓蹋顿时，能更有效地运输军需粮食。

年度热搜榜

【东汉·建安十二年】公元二〇七年

中央大封功臣

司空（三公之一）曹操二月自淳于返回邺城后，便奏请皇帝大封功臣。这次受封侯爵的二十余人当中，又以万岁亭侯荀彧最受表彰。据说原本曹操还想授予荀彧三公（司徒、司空、太尉，政府最高级官员）之位，但在荀彧请其侄荀攸代为辞让十几次后，曹操才打消了这个念头。

力排众议 郭嘉定计攻乌桓

据邺城特派记者传回的独家消息，日前曹操已针对是否对乌桓用兵召开了军事协调会。会中将领们大多采取反对的立场，认为一旦远征乌桓，南方的刘备一定会说服刘表，出兵袭击首都许县。但郭嘉却认为一旦袁尚举乌桓之资，号召旧部展开大反扑，必将造成多米诺骨牌效应，到时候可能青、冀两州都将回到袁尚的手中。而刘表只是个坐谈高论的家伙，他自知无法驾驭刘备，重用刘备则深恐无法控制，轻任则刘备必不为所用。所以就算我们举全国兵力远征乌桓，也不必担心刘表会从后袭击。最后曹操采纳郭嘉的看法，决定北征乌桓，并开始积极调动军队。不过有军事分析家指出，北伐并非易事，因为征途遥远，一旦乌桓部落得到消息，必定会加强戒备，沿边关据险而守，看来远征之途将是困难重重。

大军启动 舍辎重 轻装急行军

曹操大军在完成整补后出发，北行至易县时，依郭嘉的建议，将辎重留在原地，改以轻装急行军的方式挺进，企图以出乎敌人意料的速度，使其不及防备。

001:035

主席宣布：表决票数仅供参考……本案通过！

曹操在征讨乌桓的议案中，最终采用了郭嘉的意见，决定发兵

大雨泥泞
北伐受阻

由曹操亲自率领的政府军，在北征乌桓的途中，因受气候影响而使整个计划严重受阻。根据随军记者传回的消息，由于幽州、辽西一带正值盛夏雨季，连续不断的大雨使得路途泥泞不堪，变成浅不通车马、深不载舟船的沼泽，军队根本无法行进。加上乌桓部落已经沿边防布下重兵防守，想要突破其防线可以说是难上加难。而指挥中心虽然力图找出解决的方法，但到目前为止似乎仍苦无对策。

政府军受到大雨影响，深陷泥淖，苦不堪言

放弃远征
政府军开始撤退

由于气候严峻程度超过预期，政府军不得不宣告放弃远征乌桓的计划，并将大军撤回。到处积水、泥泞难行的沿海一带，目前已看不到政府军的踪迹，现场只遗留下告示木牌，上面写着："方今夏暑，道路不通，且侯秋冬，乃复进军。"消息传回乌桓，部落还特别派出侦察兵确认，在证实政府大军已经撤退之后，部落内开始庆功。

政府军正式放弃北伐乌桓的计划，远征途中
已空无一人，只遗留下撤军告示牌

凿山开道攀险途 政府大军突现身

原本各界以为已经放弃北伐计划而撤退的曹操军队，突然在距离柳城不到二百里的地方现身，直指乌桓蹋顿的部落中心辽西，而蹋顿业已紧急下令调动各部落的联合军队应战。政府军这次保密到家的行动，据说是由刚受征召的蓨县县令（地方行政长官）田畴规划的。根据人事资料，田畴在袁绍时期，曾连续五次回绝袁绍的礼聘，这次一听到曹操征召却立即答应。当指挥部因大军阻滞无法前进而伤透脑筋时，田畴表示还有一条早已无人行走的百年古道，可以先伪装撤军，松懈乌桓的戒心，再由此径发动突击。于是曹操便以田畴为向导，率大军登上徐无山，绕过卢龙口，攀山填谷，涉水搭桥，历经五百里的险途。再向北穿过白檀，绕过平冈，进入乌桓空虚的后防，向东直扑柳城。

曹操部队绕过乌桓布防严密的地区，从背后直扑乌桓心脏地带

轻装精锐以寡击众
曹操击垮乌桓联军

曹操军队以寡击众，有如虎入羊群

八月，曹操登上白狼山时，意外遭遇乌桓联军主力。相对于为数众多的敌军，曹操身边的部队不但人数居于劣势，连重装备也都还没跟上，只有少数军士身着铠甲，两军悬殊的实力令左右感到惊恐不安。曹操迅速登上高处仔细观察，发现乌桓联军虽然众多，但是列阵却十分凌乱，行动毫无秩序，于是便下令由张辽为先锋，主动发起攻击。

曹军精锐骑兵直驱阵中，乌桓联军根本无法抵挡，为数众多的兵将乱成一团。曹操部队随即展开追击，乌桓大军于是在瞬间崩溃，只能任人宰割，最后投降的人数高达二十余万人。乌桓联军领袖蹋顿及其他部落酋长，都在这波攻击行动中被斩杀。但目前并未发现袁熙及袁尚的踪迹，为免袁氏兄弟变装藏匿，政府军已开始审查投降的战俘，同时也派出部队进行搜捕。

神机妙算　曹操坐待二袁首级

最新情报证实，袁熙、袁尚两兄弟已在之前政府军与乌桓部队的混战中，带领数千名骑兵趁乱逃出，前往辽东投奔太守（地方行政长官）公孙康。得到确实的情报之后，曹操阵营的部将中有人便建议，应当趁势追击二人，以杜绝后患。但曹操却气定神闲地表示："大家不用紧张，这件事根本不需要我亲自出手。你们看着好了，不用多长的时间，公孙康必定会将袁熙、袁尚二人的首级送回来给我们。"曹操于是下令展开战区的巩固安置作业，预定于九月时全军班师回朝。

水镜先生向刘备推荐了卧龙、凤雏两位顶尖人才

刘备与人力中介大佬司马徽接头
卧龙凤雏列入人才名单

刘备投靠荆州之后，发现自己身边虽有关羽、张飞、赵云等猛将，但却缺乏擅长分析规划的幕僚参谋人才，故难以成就大事，于是便拜访襄阳地区的人力中介大佬，业界素有"水镜先生"之称的司马徽，表达企业征才的需求。司马徽在面谈之后，当场提供了"卧龙"诸葛亮、"凤雏"庞统的履历表给刘备参考。刘备在得到推荐名单之后，已经积极地准备与两人接触。

袁氏势力画上句点 公孙康献二袁人头

曹操阵营收到一份远从平州送来的礼物，内含袁熙、袁尚的项上人头，署名为辽东太守公孙康，并说明是为国家发展与人民福祉而致送的。曹操随后答复记者询问时表示："公孙康一向对袁尚、袁熙的势力有所顾忌，一旦我们逼得急了，公孙康没有选择，必将联合二袁的力量与我们对抗。所以我并不急着进攻，留一点空间和时间给他们，让必然的形势发酵，最后他们一定会互相残杀以求自保。"曹操如此神准的预测，已让各界对于其政治军事方面的专业能力给予高度的肯定。

曹操部队缺粮,只好宰杀战马让士兵充饥

天寒地冻
政府军宰杀战马充饥

正在班师的政府大军,由于正值严冬,又遭逢大旱,造成后勤运补上极大的困难,除了缺粮外,方圆二百里之内也不见水源。不过,指挥部已紧急下令各营团,立即宰杀总计数千匹的战马让兵士充饥。同时也动员工兵部队,向下挖凿三十余丈的深度,终于取得珍贵的水源。一般认为,指挥部的紧急应变措施,应该足以让大军渡过此一难关并安然返国。

秋后算账?! 曹操褒奖异议者

在政府军脱离缺乏粮食饮水的窘境之后,曹操突然下令调查当初劝阻北伐者的名单,引发一阵惊恐怀疑,甚至有人以为是要秋后算账,清算异议者。不过指挥部却随即依照名单,对当初反对大军远征乌桓的人,一一给予非常丰厚的奖赏。曹操在颁奖典礼时表示:"此次大军远征乌桓的行动,如今检讨起来,实在是异常的危险,能获得成功全凭侥幸,可以说是上天的保佑。当初各位所提出的看法,才真的是万全之策,所以今日特别重赏嘉勉。希望今后大家仍能尽其所当言,勿因意见与我相左而不敢发声。"

未听刘备之言　刘表失袭曹良机

荆州牧刘表在得到政府军凯旋的消息之后,对于当初没有听从刘备的建议,趁曹操北伐乌桓之时袭击首都许县,感到懊悔不已,深自感叹失去一次大好的机会。据说两人私下会面时,刘备还为此安慰刘表说:"当今天下分裂骚乱,每天都有战事发生,机会总是会再度来临的。只要能抓住接下来的机会,这一次失误也不足引以为恨。"话虽如此,但事实上一向缺乏行动力的刘表,是否还会得到像这次一样的天赐良机,答案恐怕是令人怀疑的。

孙权西打黄祖
甘宁射死凌操

江东集团领导人孙权，领兵西进，攻击江夏太守（地方行政长官）黄祖。此役中，孙权虽然获得胜利并俘虏了大批百姓，不过也付出了相当的代价。部将凌操在追击黄祖时，受到黄祖手下素有神射手之称的甘宁阻挡，在战斗中被一箭射死。而凌操之子凌统，在闻知噩耗之后，已经愤怒地表示一定要报此杀父之仇。

笨蛋！是谁给他穿这件盔甲的？！

甘宁一箭射死孙权爱将凌操

徐庶加入刘备阵营　强力推荐诸葛孔明

刘备的荆州招揽人才之路，最近有了新的进展。徐庶不但已经确定加入刘备阵营，同时也强力向刘备推荐诸葛亮。而原本就从"水镜先生"司马徽那里闻得卧龙大名，并将之视为重要人才的刘备，在徐庶的建议下，已准备在关羽、张飞的陪同下亲自登门拜访，希望展现最大的诚意来打动这位传说中的卧龙。

不知道先生有没有什么厉害的对策？

呵呵呵……我最厉害的对策，就是向你推荐一个人，叫他来想厉害的对策。

徐庶确定加入刘备阵营，并极力推荐诸葛亮

讣闻
孙权母吴太夫人辞世

根据江东集团所发的讣闻，孙权之母，也就是在集团中极具影响力的吴太夫人，于日前在病榻上召唤张昭等重要官员嘱咐完后事，已因病重辞世。

三顾庐 隆中对 刘备亲访卧龙诸葛 孔明规划三分天下

刘备求贤若渴，亲自前往隆中拜访极受司马徽及徐庶推崇的人才诸葛亮。不过由于并没有事先联系，所以前两次的拜访并不顺利。直到第三次拜访，刘备才顺利见到这位传说中的卧龙先生。据不愿透露身份的目击者表示，两人在会面之后，随即遣开随从人员辟室密谈。相对于刘备所展现的三顾茅庐的最大诚意，诸葛亮也针对天下大势做出惊人的分析与规划。诸葛亮认为，应该先图谋极具战略价值的荆州以及物产丰饶的益州，当作根本。对外联合江东集团的孙权共同抵御即将统一北方的曹操，对内修明政治以增强实力。如此天下三分、鼎足而立，便可以等待机会，完成统一天下的霸业。双方会谈之后，诸葛亮已同意接受刘备的邀请，正式成为其阵营中最重要的核心参谋。

刘备三顾茅庐亲访诸葛亮，展现最大诚意

年度热搜榜

郭嘉病死军中　曹操痛失智囊

曹操重要智囊郭嘉因病去世

曹操阵营中举足轻重的参谋郭嘉，随军远征乌桓时，因水土不服感染重病，已于日前不幸辞世，年仅三十八岁。曹操在丧礼上对荀攸等人表示，原本有意在平定天下之后，将大业交托于郭嘉，无奈世事无常，如今只能对郭嘉的死表达无限哀痛。而参谋本部痛失重要智囊，对曹操来说，无疑是一记重大的打击，预料也将对未来的局势发展造成一定程度的影响。

刘备出现管理危机 关羽张飞极度不满

刘备阵营自从诸葛亮加入后，内部气氛已经起了微妙的变化。自一八四年开始就已经追随刘备的关羽、张飞等部将，认为刘备最近过于重视诸葛亮等文职参谋，而领兵血战的武将相形之下则受到冷落。关羽、张飞二人为此十分不悦，并有诸多抱怨。据了解，刘备还因此特地向他们解释："我能得到诸葛亮，就好像鱼得到水一般，希望大家以后同心协力，不要再乱说话了。"虽然事后关羽及张飞已不再对此发表任何意见，但坐观天下的诸葛亮能否让披甲执戟身先士卒的武将们心服，着实考验着刘备的管理与领导智慧。

关羽、张飞等人对于刘备极度礼遇诸葛亮有颇多怨言

用人不公遭弹劾　司徒赵温被免职

今年（二〇八年）正月，司徒（三公之一）赵温因任用曹操之子为官，遭到司空（三公之一）曹操上章弹劾。曹操认为赵温身为政府官员，任人不以才能品性为考量，反而借职务之便将官职授予其子，以公职换取私惠，未能公正地为国家据实选拔人才。赵温原本想要借此讨好曹操，没想到反而因此遭到弹劾而下台。

玄武池培训水军
政府军准备南征

由司空（三公之一）曹操率领的政府军完成远征乌桓的任务，返回大本营邺城后，已开始建设一项名为"玄武池"的军事工程。相关资料显示，"玄武池"计划是要挖掘一片巨大的人工湖，主要目的是用来作为水军的训练场地。由于北方少水，又大都已纳入曹操的统辖范围，似乎没有水军发挥的空间。所以"玄武池"的开挖，已经表明了曹操南征的决心，看来荆州刘表及江东孙权，已成为政府军下一个意欲铲除的目标。

报告！可容纳航空母舰的玄武池建好了。

我原本只是想学游泳而已……

猛将甘宁　弃黄祖投孙权

你这凶手！

凌统

甘宁

之前黄祖被孙权攻击而命在旦夕时，挺身而出一箭射死孙权部将凌操，使黄祖免于劫难的猛将甘宁，已经证实投奔江东阵营，并获得孙权的重用。据熟知内情者转述，甘宁自从投靠黄祖，便一直不受重视，甚至连立下救主大功后，黄祖都没有做任何的表示与嘉勉。甘宁发现自己身处一个毫无未来的环境，于是下定决心跳槽，利用机会转投江东集团，希望能有所发挥。不过，由于甘宁之前在战场上射死了孙权部将凌统的父亲，两人之间的心结如何化解，也考验着孙权的智慧。

155

大规模水战 黄祖一命呜呼

孙权接受甘宁的建议，打算抢在曹操之前，从刘表手中夺得荆州，于是便发动大军，再次对黄祖发动攻击，以打开西进的通路。不过黄祖早有防备，事先以两艘蒙冲舰横守沔口，并用横亘江心的棕榈大缆绑上巨石沉于水中，阻止敌船前进。孙权水军逼近时，黄祖阵营舰上的千名士兵弩箭交叉发射，使得江东舰队无法前进。孙权军的先锋董袭及凌统，便各自率领百名敢死队，每人身穿两副铠甲，乘坐大舸，冒着箭雨前进，斩断两条横江大缆，使得黄祖的蒙冲舰失

控，在江心打转，无法再做有效的防守，而孙权舰队也才能继续向前挺进。黄祖在第一道防线被攻破之后，立刻派出都督（指挥官）陈就率水军应战。孙权方面则由吕蒙领兵，与陈就在江上展开激战。双方在江上互以军舰冲撞，并登上敌舰展开肉搏战。最后吕蒙亲手斩杀陈就，并将其首级悬于船首示众。于是孙权大军水陆并进，精锐尽出，对黄祖据守的城池发动猛烈攻击。城破之后，孙权下令屠城，而黄祖也在兵败逃亡途中被杀。

【军事科技】

本页图片均引自《武经总要》。

楼船：船上建楼三重，外施毡革御火，置炮车檑木铁汁。状如小垒，张形势也。

门舰：舷上设女墙，船内五尺建棚与女墙二层，重列将士。上无覆背，竖牙旗金鼓。

游艇：无女墙，左右随艇子。大小长短四尺，回军转阵，其疾如风，虞候用之。

蒙冲：以生牛革蒙战船背，前后左右有弩窗矛穴，务在捷速，乘人之不备。

走舸：棹夫多，战卒皆选勇力精锐者充。往返如飞鸥，乘人之所不及。

海鹘：头低尾高，前大后小，置浮板，虽风涛怒涨而无侧倾。

诸葛亮及时点醒
刘表长子外派避祸

抖

我知道你有恐高症，今天如果你不教我的话就甭想下去了……

呃……好……我说就是了。

诸葛亮在高楼上提醒刘琦争取外派以避祸

黄祖被孙权击杀之后，荆州牧刘表任命自己的长子刘琦为江夏太守（地方行政长官），接替黄祖的守备位置。不过此次刘琦的外派并不单纯，据了解内幕者指出，由于长子刘琦非蔡氏所生，所以蔡氏便成天想方设法要除去他，让自己所生的次子刘琮得以继承荆州事业。加上刘表极信任的外甥张允及蔡氏之弟蔡瑁两人不断诋毁刘琦并赞誉刘琮，使得长子刘琦的处境十分危险。刘琦为此深感不安，便求助于刘备的智囊诸葛亮。不过诸葛亮并不打算卷入荆州的夺嫡风暴之中，所以便拒绝回答此一问题。后来，刘琦邀请诸葛亮共登高楼，并命令手下撤去楼梯，对诸葛亮说："现在上不至天，下不至地，话从您口中说出，只入我的耳中，可以告诉我怎么办吗？"诸葛亮才说："你忘记了春秋时期，晋国太子姬申生留在国内遭到杀害，而姬重耳在外反而得以存活的事吗？"于是刘琦才积极地争取外派，以求自保。

杀父之仇不共戴天
凌统盯上甘宁

同样投在江东阵营的甘宁与凌统，二人之间的恩怨至今仍无法化解。据闻，两人已在公开场合中多次爆发激烈冲突，到了几乎拿刀互砍的地步。由于凌统对于甘宁的杀父之仇无论如何都无法释怀，所以集团领袖孙权已经正式地警告凌统，要以大局为先，不准对甘宁采取任何的报复手段。同时也将甘宁的驻防区调到别处，远离凌统，以免滋生不必要的事端。

中央政府大改制
废除三公另设丞相

今年（二〇八年）六月，中央发布新的组织章程，对政府体制做出百年来最重大的改变。此次改制，撤除拥有最高权力的三公（司徒、司空、太尉，政府最高级官员），恢复西汉时代所设置的丞相及御史大夫的编制。中央政府同时宣布，由曹操出任改制后的第一任丞相，综理全国事务。

天上杂志调查 中央政府效率廉能双上榜

丞相曹操在中央政府改制以后，任命崔琰、毛玠分别担任丞相西、东曹掾（丞相府属员），共同掌理全国文官的任免与升迁。由于两人所任用者尽是清正敦实之士，那些虚华巧言而行为不端者都被排除于公门之外，同时拔擢谦逊廉能者，抑制逢迎结党之徒，政府官员上下重视清廉与操守，天下之士莫不以廉洁而自励，而社会风气也随之转正。根据最近一期天上杂志所做的施政满意度调查，中央政府改制后的效率及廉能，双双上榜，满意度表现亮眼。

司马懿佯病险入狱

司马懿

丞相府主簿（中级官员）司马朗之弟司马懿，因才能出众，得到丞相西曹掾（丞相府属员）崔琰的推荐，被任命为丞相府文学掾（文史教育官员）。但有消息指出，一开始司马懿并不打算就任，甚至以患有风痹（风湿麻痹）为由加以推辞。后来得知丞相曹操因此大怒，并打算将其逮捕入狱后，才改口接受征召。

部队夜半叛变　张辽镇定荡平

丞相曹操命令部将张辽率军移驻长社，在临出发前，部队中突然有人叛变，在夜里纵火滋事，一时间全军惊扰混乱。张辽料定只是少数人企图制造混乱，便立即带领数十名卫士，于营寨中央站定，大声宣布："凡是没有参与叛变的，立即安静地原地坐下。"于是在很短的时间内，全营便恢复平静，也轻易地逮捕了叛乱分子，当场予以诛杀。此次事件，所幸张辽能冷静处理，迅速解决叛变，才不致酿成大灾。

马超

马腾中央任职　二代马超接掌原部

关中地区的将领马腾，因与异姓兄弟韩遂反目成仇，在中央政府的调解下，答应放弃军权，转任中央官员。马腾在接受征召后，举家迁往曹操的大本营，也就是东汉目前实际上的行政中心邺城，担任卫尉（警卫指挥官）一职，原属部队则交棒到儿子马超的手上。

政府军南进荆州

继孙权开始对荆州有所动作之后，丞相曹操业已在七月对刘表发动攻击。政府军此次行动除了想取得荆州外，也可能是要一并消灭流窜多时的刘备势力，以绝后患。

名士孔融因叛国罪被处死刑

孔融被控叛国

受到丞相曹操重用，于中央政府担任太中大夫（中级官员）的孔融，八月底被控叛国重罪，全家于市街中被斩首。根据传言，孔融自恃才能及名望，数度以偏宕歪理戏侮丞相，终于令曹操开始感到嫌恶。最近，孔融又上书皇帝，建议应比照古代"王畿"制度，千里之内不得设封建诸侯。此项企图将曹操驱离皇权核心的举动，也使得曹操大为恼火。五天前才刚上任的御史大夫郗虑，知道曹操的心意，便命部属提出弹劾，指控孔融任北海相（封国的行政长官）时，曾意图不轨，应处重刑。

刘表去世 荆州掀继承风波　次子刘琮接父位

根据荆州发布的官方消息，日前病故的刘表所遗下的荆州牧一职，确定由次子刘琮接任，长子刘琦则在这场继承争夺战中宣告出局。据了解，当刘表病重时，长子刘琦特别从驻地赶回襄阳探病。但支持刘琮的蔡瑁、张允深恐万一刘琦父子见面后，原本安排好让刘琮继位的戏码会发生变化，于是便编出一大堆擅离职守非孝道的理由，把刘琦挡在门外，拒绝让他探望病危的父亲。刘琦没有办法，只好痛哭流涕地离去。不久，刘表病故，蔡瑁、张允等人便拥护刘琮继承荆州牧一职，而刘琦只得到刘表所遗留下的空头爵位。据闻，刘琦在收到侯爵印信之后，还气得把印信摔到地上，表示将以奔丧之名，带领军队和刘琮展开火并。

江东集团 有意联刘抗曹

据记者日前传回的独家消息，江东集团的重要人物鲁肃，在得知刘表病故的消息之后，已经取得孙权的同意，打算抢在曹操行动之前，赶往荆州说服刘备及刘琮，组成防御联盟以共同抵抗曹操。鲁肃在报告中指出，刘备可说是当今枭雄，虽然目前暂居于荆州，但刘表也对其防之甚严。应借着此次吊丧的机会，前去试探及游说。如果刘备愿意和刘琮齐心协力，江东集团便可与之结盟。若他们彼此心违意离，则可以发动军事攻击，夺取荆州以当作江东集团称霸天下的资本。

刘琮归降曹操　刘备未获告知

今年（二〇八年）九月，当曹操大军开抵新野时，荆州少主刘琮便派人前往曹营，以表达其归降之意，同时献上之前皇帝所赐予的符节，并准备迎接政府军进入荆州。不过，刘琮的这个决定似乎有意瞒着刘备。因为到目前为止，刘备方面似乎完全没有被告知此一消息，还一直认为荆州大军可以作为他可靠的后盾。

其实我有件事还没告诉您……

傻孩子，你这次想给叔叔什么惊喜呀？

刘备对于刘琮早已投降曹操之事浑然不知，完全没有防备

刘备快闪 追随军民十余万人

驻防在樊城的刘备，发觉近日荆州与曹操之间的互动诡异，料想情势可能生变，于是便派人前往襄阳询问刘琮。刘琮知道纸终究包不住火，便命令部下，将已投降曹操的正式公文送到樊城。当刘备收到通知时，曹操大军已经推进到宛城。这有如晴天霹雳的消息让刘备根本来不及反应，当下决定保全实力快闪，带领所有部众向南逃亡。当刘备行至襄阳，在城下呼喊刘琮时，刘琮怕得不敢现身，但其左右亲信及许多荆州人都出城追随刘备。刘备在转往刘表的坟前致哀辞行之

不好意思，能不能麻烦您走快一点，敌人就快追上了。

总得等人家补好妆嘛……

刘备部队受到大批追随百姓的拖累，只能以龟速前进

后，便令关羽率领水军乘船舰数百艘先沿江撤走，自己则带领部众及随行百姓由陆路前进，并约在江陵会合。刘备一行人快到当阳时，追随的群众已达十余万人，车辆则有数千辆之多。但是这浩浩荡荡的队伍，每天只能以十余里的龟速前进。行进中有人建议应舍弃无战力者，只率领带甲武士，快速行军至江陵与关羽会师布防。但刘备却认为百姓是建立大业的基础，不忍舍弃这些前来跟随他的百姓，看来刘备已经失去摆脱曹军尾随的最佳时机。

江东密使鲁肃抵长坂商谈结盟事宜

江东集团的密使鲁肃，本来奉了孙权之命，欲前往荆州与刘备、刘琮商谈结盟的相关事宜。但没想到的是，鲁肃才刚踏入江陵，便已闻得刘琮归降曹操，而刘备也开始南撤的消息。虽然整个计划都被打乱了，但鲁肃

还是立即北上，到当阳北边的长坂一带和刘备会面。鲁肃详细地分析了当前的局势，并建议刘备移防到樊口和孙权集团联合，以共同抵御曹操南袭。在双方会谈许久之后，刘备已同意鲁肃的计划，准备转由沔水（汉水）而下与东吴合盟。不过，拖着十几万百姓的龟速行军，可能将为此次行动添加不小的变数。

曹操轻骑急行军 闪电出击

　　曹操在得知刘备已经向南撤退的消息后，为了避免刘备部队夺取江陵所储存的大量军粮武器，于是便留下辎重补给，亲自率领只有轻装备的部队火速赶到襄阳。只是当曹操到达时，滑溜的刘备早已走脱。于是曹操又亲自率领从轻骑部队中精挑的五千名精锐，准备以日夜强行军的方式，赶在刘备到达江陵之前，就予以截击歼灭。

刘备兵败当阳 张飞长坂断后

　　跟随刘备的十余万名部众，由于行进速度太慢，在当阳北边的长坂，被突然出现的曹操骑兵团攻击，当场溃散无法指挥，刘备等人则趁乱逃走。刘备没有料想到原本还相距三百余里的曹操大军，竟然只用了一天一夜的时间就赶上了。在毫无准备的情况之下，刘备的部队竟溃不成军，所有跟随的部众及车辆军资都落入曹操手中。刘备甚至连应变的时间都没有，只能抛下妻儿，在十几名骑兵的护卫之下，与诸葛亮等人狼狈逃走。不过，这次刘备之所以能险中脱困，要归功于张飞的毅然断后。负责断后的张飞，只率领二十名骑兵，据河断桥，骑在马上瞋目横矛，大声叫吼："我就是张翼德，哪个有胆量就上前来和我一决生死。"曹军为张飞的气势所震慑，竟没有人敢接近，刘备也才有时间可以安全离开。

张飞在长坂桥独自阻断曹操的追击，让刘备得以安全脱身

奋不顾身　赵子龙单骑救主

　　刘备在仓皇逃命的时候，忽然有人回报赵云叛逃的消息。刘备听到后二话不说，拿起手戟就往那人丢过去，斥责道："不准乱说，赵云绝对不可能背叛我。"果然，过了不久，赵云便怀抱着刘备之子刘禅，从敌阵中突围而出，将婴儿交给刘备。据目击者表示，赵云为了保护刘禅脱险，单枪匹马与曹军精锐部队血战，左冲右突，才终于得以冲出重围。不过根据传言，刘备在接过赵云抢救回来的婴儿之后，竟然把婴儿给摔在地上，表示为了儿子竟险些失去一员大将。

赵云深入险境，在万军之中抢救幼主刘禅脱险

张翼德大闹长坂桥

张飞引二十余骑，至长坂桥。见桥东有一带树木，飞生一计，教所从二十余骑，都砍下树枝，拴在马尾上，在树林内往来驰骋，冲起尘土，以为疑兵。飞却亲自横矛立马于桥上，向西而望。却说赵云将阿斗抱护在怀，手起处，衣甲平过，血如涌泉。杀退众军将，得脱重围，往长坂桥而走。只闻后面喊声大震。原来文聘引军赶来。赵云到得桥边，人困马乏。见张飞挺矛立马于桥上，云大呼曰："翼德援我！"飞曰："子龙速行，追兵我自当之。"却说文聘引军追赵云至长坂桥，只见张飞倒竖虎须，圆睁环眼，手绰蛇矛，立马桥上；又见桥东树林之后，尘头大起，疑有伏兵，便勒住马，不敢近前。俄而，曹仁、李典、夏侯惇、夏侯渊、乐进、张辽、张郃、许褚等都至。见飞怒目横矛，立马于桥上，又恐是诸葛孔明之计，都不敢近前，扎住阵脚，一字儿摆在桥西，使人飞报曹操。操闻知，急上马，从阵后来。张飞圆睁环眼，隐隐见后军青罗伞盖、旄钺旌旗来到，料得是曹操心疑，亲自来看。飞乃厉声大喝曰："我乃燕人张翼德也！谁敢与我决一死战？"声如巨雷。曹军闻之，尽皆股栗。曹操急令去其伞盖，回顾左右曰："我向曾闻云长言：翼德于百万军中，取上将之首，如探囊取物。今日相逢，不可轻敌。"

言未已，张飞睁目又喝曰："燕人张翼德在此！谁敢来决死战？"曹操见张飞如此气概，颇有退心。飞望见曹操后军阵脚移动，乃挺矛又喝曰："战又不战，退又不退，却是何故！"喊声未绝，曹操身边夏侯杰惊得肝胆碎裂，倒撞于马下。操便回马而走。于是诸军众将一齐往西奔走。一时弃枪落盔者，不计其数，人如潮涌，马似山崩，自相践踏。

母亲被俘　孝子徐庶改投曹操

刘备这边福利比较好……

　　在当阳冲突之后，刘备不只损失了极多追随的民众及兵士，也意外地失去了集团中的重要智囊徐庶。原来，徐庶在一阵兵荒马乱之后才赫然发现，自己的母亲竟然也在被曹操所俘的百姓之中。极度担心母亲的徐庶，在来回踱步许久之后，只好硬着头皮向刘备请辞，一边流泪一边用手指着心说："我本来想以此方寸之地，协助将军共图霸业。但如今老母失踪被俘，我方寸已乱，再也无法对将军有所帮助，请准许我就此离去。"刘备虽有万般不舍，但仍成全其尽孝之心，让徐庶前往投奔曹操门下。

刘备关羽水路抵夏口

　　在当阳被曹操击溃的刘备，一路狼狈地率领着残余部众，沿途躲避曹军的追击，终于得以和关羽的水军会合。刘备部队在稍作喘息之后，便登船渡过沔水（汉水），沿水路顺流而下。途中又遇到刘琦率领的一万多名军士前来接应，便合军一同前往夏口暂作安顿。而另一方面，获得完全胜利的曹操，把军队驻扎在江陵之后，便任命投降的刘琮为青州刺史（地方行政长官），连同荆州其他有功人员共十五人都分封列侯。同时任用当地贤士，着手整顿荆州政务。

并荆州 远来贺　曹操骄矜自喜 张松备受冷落

哼！再怎么说我也是个型男啊！

长相吃亏的张松未受到曹操重视

　　益州牧刘璋，在得知曹操吞并荆州的消息之后，危机意识高涨，赶紧派出核心官员张松前往表达崇高的敬意，顺便打探消息以便决定益州未来的动向。不过由于张松长得其貌不扬，身材短小又行为放荡，给曹操的第一印象并不太好。加上此时曹操才刚轻取荆州、远逐刘备，心高气傲得不得了，不再像以往那么虚心地敏察人才、广招贤士，便不把张松当作重要角色。其间主簿（中级官员）杨修发觉张松虽然外表看起来绝非型男，但事实上其见识却十分精辟果决，是一个不可多得的人才，便建议曹操应该延聘张松为中央政府官员，不过曹操并未采纳此项建议。

刘备情势危急
诸葛江东求救

才刚抵达樊口的刘备收到情报，得知曹操将率军由江陵顺江东下，便赶紧和诸葛亮等人商议应对之道。诸葛亮认为情势危急，在取得刘备的同意后，立即由鲁肃陪同，前往柴桑向孙权求取救兵。

孔明初会孙权　简报分析精准

江东集团负责人孙权在鲁肃的引荐下，接见了刘备的核心智囊诸葛亮，并就双方合作的可能性展开会谈。其实在会谈之前，诸葛亮早已得知江东集团的大部分文官都倾向于投降的立场。而孙权本人虽然比较倾向于力抗曹操，但因主战派的将领辩不过犀利的文官，所以也还犹疑不决。于是诸葛亮便针对孙权，首先指出："曹操目前已扫平北方诸强，略定荆州威震四海。如果江东集团能动员吴越之力，与中原相抗衡，便应早日和曹操断绝关系。若不能，则应立即按兵束甲，向北方政府表达归顺之意。不该外托服从之名而内怀犹豫之计，遇到如此紧急的事态却迟不决断，只怕会马上招致灾祸。"在看到孙权的眼神中透出期待之光后，诸葛亮又接着说明："刘豫州（指刘备）军团虽然在长坂遭到败绩，但重新集结的部众加上关羽的精锐水军还有一万多人，连同刘琦不下万人的江夏战士，足以形成一股牵制曹操的力量。另外，曹军日夜兼行三百余里，已是强弩之末，正犯了兵法上的大忌。况且曹操的北方部队不习惯水战，也必使其战力大打折扣。而新近收纳的荆州部队，也只是因为畏惧曹操大军而归降，并非真正的心服。就以上诸点来看，情势不一定完全对曹操有利，只要将军（指孙权）可以派出一员猛将，统率数万兵力，与豫州（指刘备）协规同力，必能击败曹军，迫其北还。如此，则荆州与江东集团的势力必大为增强，便可形成鼎足三分的局势。"孙权在听取诸葛亮所做的简报之后，果然信心大增，便立即下令召开内部会议，准备就江东集团是战是降的立场，做出最终的定论。

一封曹操信件 江东弥漫恐怖气氛

在孙权将曹操最近送来的书信交给臣僚传阅之后，江东集团便开始弥漫着一股恐怖低迷的氛围，高级官员之间充斥着投降的说法。曹操在信上写着："近来奉皇帝之命，讨伐叛徒罪犯，军旗南指，刘琮已束手投降。现在，我将亲率八十万水军，希望能与将军（指孙权）共同于吴地一同狩猎。"据闻，孙权的部属在看完信之后，无不惊恐失色，宛如世界末日即将来临一般。

江东官员听闻曹军即将南下的消息之后，信心崩溃，哀号投降声四起

江东文官一面倒 会议结果倾向降曹

原本有意以武力对抗曹军的孙权，在高层会议上并未获得臣属的支持。以张昭为首的文官群，除了鲁肃不发一语外，一致赞成降曹乃为上策。他们认为曹操挟天子以令诸侯，若公然与之对抗，恐冒叛乱犯上之名。而且曹操新得荆州土地，刘表以前建立的水军战舰有数千艘之多，加上强大的步兵军团，水陆并进，失去长江屏障的江东集团，很明显远不是曹操的对手。虽然会议结果倾向投降，但孙权仍未做出最后的决断。

鹰派重整 紧急召回周瑜

据不愿透露身份的人士爆料，在江东集团召开高层会议的休息时间，鲁肃单独追到走廊上，私下对孙权说："方才在会议上众人所提出的意见，都是些想误导将军（指孙权）的说法，我实在不屑与那些自私的家伙一同谈论国家大事。投降这种事，我鲁肃可以做，但将军（指孙权）可不行。为什么呢？我投降之后，曹操会把我送回故乡，至少也会让我当个下曹从事（低级文官）这种杂官。平常有辆牛车可以乘坐，身边有几个吏卒可供使唤，和士大夫们往来结交，慢慢升迁，最后想要当到州郡之长应该不是问题。但将军（指孙权）一旦投降，还有哪里可以去？所以应当早日决定大计，不要再听信那些什么投降的鬼话了。"于是孙权握住鲁肃的手，叹息着说："其实我对众人在会议上所提的意见失望透了，只有你的分析和想法与我一样。"最后孙

鲁肃趁会议的空当，在走廊上拦下孙权，强烈建议召回主战派的周瑜

权在鲁肃的建议下，把派驻在外的周瑜召回，以增强集团中主战派的力量，准备在高层会议中强力主导此一议案。

开战 周瑜鲁肃力挺 孙权挥刀定案

由番阳被紧急召回的周瑜，在江东集团高层会议上表示："曹操虽然名为丞相，但事实上却是个窃取国家权柄的盗贼。而将军（指孙权）神武雄才，继承父兄之伟业，据有江东千里之地，又有精兵数万，自当纵横天下，为国除害。今日曹操自来送死，大家为何反而想要投降？从现实面来分析，曹操北方尚未完全平定，西边又有马超、韩遂等后患。而曹操舍弃常用的战马，想要以船舰来跟我们吴越战士争胜。况且现在正值严冬，马匹无草可食，曹操又将北方兵士驱入南方的江河湖泊之间，必定造成水土不服，引发重大疾病，造成战力的耗损。以上几点，都是兵家大忌，而曹操却被荆州的轻易取胜冲昏了头，贸然行之。我看将军（指孙权）想要擒获曹操，就靠此役了。给我精兵数万，进驻夏口，保证能为将军克敌制胜。"孙权听完后，做出最后裁示："曹操老早就想篡汉自立，只不过顾忌袁绍、袁术、吕布、刘表，以及我孙权。如今除了我，群雄皆已被灭，我与曹贼誓不两立。今日周瑜主张迎战，正合我意。"于是拔出随身佩刀，奋力砍断面前的桌案，说："我们江东集团，正式决议向曹操宣战。今后再有人胆敢提议投降的，下场就如这张桌案一样。"在和周瑜唱完双簧之后，孙权随即宣布散会。南北两军的最终战役，已无可避免将在长江爆发。

谁敢再说要投降下场就和这桌子一样！

啊！价值百万的古董桌……

孙权在周瑜及鲁肃的力挺下，决定向曹操宣战

170

曹操兵团与孙刘联军战力总对比

在孙权下达全军备战的指示之后，周瑜又于夜间面见孙权，针对双方战力做出详细的评估报告。周瑜指出，其实曹操所谓的八十万大军只是夸大之词，之前集团内的文官被这个不实的数字吓到，以至于失去冷静判断的理智，才会没头没脑地喊着投降。经过情报单位的实际调查，曹操本部所统率的北方步骑，有十五六万人，但长征久疲，战力早已大打折扣。而新降的荆州水军最多八万，且尚存怀疑犹豫之心。以疲病之卒统御狐疑之众，人数虽然众多，也不足为惧。所以只需要精兵五万，便可以在这场对决中克敌制胜。孙权随后以行动力挺周瑜，虽然短时间之内没有办法征调到计划中的五万人，但目前可动员的三万兵力将全数投入此次战役。

曹操号称八十万大军，其实只有二十四万人而已，没啥好怕的！

那我们有多少？

嗯……很少！

曹操八十万大军		孙刘联军	
曹操军：十六万人 荆州军：八万人	胜	江东军：五万大　三万人 刘备军：两万人	
实际总兵力：二十四万人	胜	实际总兵力：六万大 　　　　　　五万人	
战斗力：长途征战，疲惫无力		战斗力：以逸待劳	胜
忠诚度：荆州新降，尚存狐疑		忠诚度：保家卫国，上下一心	胜
战场熟悉度：主力陆军不擅水战		战场熟悉度：擅长江河湖泊战术	胜
环境适应：水土不服，易患病		环境适应：土生土长	胜

制表：周瑜

周瑜

程普

周瑜程普领军
江东军挺进樊口

已经决意与曹操开战的孙权，分别任命周瑜、程普担任军团的左、右督（司令官），率领为数三万的江东军团，向樊口进发，准备和刘备部队会合，共同对抗号称八十万的曹操大军。同时鲁肃也被任命为赞军校尉，以协助大军规划作战方略。据闻，孙权在出发前还特别召来周瑜，告诉他自己会在后方继续征集兵力、运补军需，让周瑜不用担心，只管专心向前。万一前线作战失利，就回军与他会合，由孙权亲自领军与曹操决一死战。

水土不服　防疫出现漏洞

由政府军传出的内部消息显示，丞相曹操所率领的北方军团，因为不适应南方的气候与环境，出现水土不服，目前已传出多起传染病的案例。据闻，政府军团的卫生部门对此仍束手无策，万一暴发大规模的传染，可能会对战力造成严重的影响。不过，目前政府军团的发言人已对上述说法提出严正驳斥，并表示完全没有大规模传染的可能性。所谓患病者仅是零星的个案，而且病情都已获得控制，对军团的战力没有造成任何影响，请各界不要妄加揣测。

政府军极力否认有关疫情的传闻

初次接触　江东水师稍占上风

由周瑜、程普所率领的江东水师主力，在离开刘备驻防的樊口之后，沿长江逆水而上，于赤壁遭遇曹操水军。两军随即爆发激烈战斗，为大战揭开了序幕。不过，据前线记者回报，曹操军团似乎受到传闻中疫情的影响，兵士有气无力，行动迟缓，未能发挥应有的战力。就目前几次短兵相接的战况来看，熟悉地形水势的江东军团稍占上风，原本号称八十万大军的曹操部队，则一直处于被动挨打的地位。前线记者正密切地观察战场变化，并持续做追踪报道。

情势紧绷
两军赤壁对峙

在与东吴集团第一波冲突中失利的政府军，似乎并未遭受太大的损失，目前大军已停驻在长江北岸的乌林，重新展开部署，并在岸边构建水军营寨。此外，在疫情发展方面，虽然政府军发言人目前仍未松口，但由种种迹象不难看出，军团中士兵的患病人数应该不少。另外，获得首胜的江东军团，仍不敢掉以轻心，也退到长江南岸据守，调度频繁，与曹军隔江对峙。

政府大军与江东军团的舰队在赤壁隔长江布阵，大战有一触即发的态势

政府军引进新技术　解决士兵晕船问题

政府军的发言人首度证实，部分北方士兵不谙水性，故于日前水面作战时，因随波摇晃而造成晕船，确实遭遇战力下降的困境。但发言人同时也指出，目前指挥部所引进的最新"铁锁连环船"技术，已彻底解决此一问题。经过测试，改良过的船身已经不会晃动，兵士在船上的行动完全不受江波影响，只要再通过实战考验，便可证明此项新技术的价值。不过，当记者追问传染病疫情的严重性时，政府军发言人仍避而不谈。据推测，曹操军团虽然已成功地解决了晕船的问题，但对于日益严重的疫情仍无法有效控制。

草船借箭

次日，聚众将于帐下，教请孔明议事。孔明欣然而至。坐定，瑜问孔明曰："即日将与曹军交战，水路交兵，当以何兵器为先？"孔明曰："大江之上，以弓箭为先。"瑜曰："先生之言，甚合愚意。但今军中正缺箭用，敢烦先生监造十万枝箭，以为应敌之具。此系公事，先生幸勿推却。"孔明曰："都督见委，自当效劳。敢问十万枝箭，何时要用？"瑜曰："十日之内，可完办否？"孔明曰："操军即日将至，若候十日，必误大事。"瑜曰："先生料几日可完办？"孔明曰："只消三日，便可拜纳十万支箭。"瑜曰："军中无戏言。"孔明曰："怎敢戏都督！愿纳军令状：三日不办，甘当重罚。"……（孔明）饮了数杯，辞去。鲁肃曰："此人莫非诈乎？"瑜曰："他自送死，非我逼他。今明白对众要了文书，他便两胁生翅，也飞不去。我只吩咐军匠人等，教他故意迟延，凡应用物件，都不与齐备。如此，必然误了日期。那时定罪，有何理说？"却说鲁肃私自拨轻快船二十只，各船三十余人，并布幔束草等物，尽皆齐备，候孔明调用。……至第三日四更时分，遂命将二十只船，用长索相连，径往北岸进发。是夜大雾漫天，长江之中，雾气更甚，对面不相见。当夜五更时候，船已近曹操水寨。孔明让教把船只头西尾东，一带摆

开，就船上擂鼓呐喊。却说曹操寨中，听得擂鼓呐喊，毛玠、于禁二人慌忙飞报曹操。操传令曰："重雾迷江，彼军忽至，必有埋伏，切不可轻动。可拨水军弓弩手乱箭射之。"约一万余人，尽皆向江中放箭，箭如雨发。孔明让把船调回，头东尾西，逼近水寨受箭，一面擂鼓呐喊。待至日高雾散，孔明令收船急回。二十只船两边束草上，排满箭枝。孔明令各船上军士齐声叫曰："谢丞相箭！"比及曹军寨内报知曹操时，这里船轻水急，已放回二十余里，追之不及。曹操懊悔不已。

174

铁锁连环船

此项将船舰以铁链连锁，首尾相接的方法，已获得参加军事科技发明大赛的官方推荐。推荐书中指出，此项技术可有效降低江波的冲击，减少船身的摇晃度，不但可让士兵于船间行走无碍，甚至可以让战马在各舰之间往来奔驰，对于作战力有极大的提升作用。不过外界也质疑，一旦遭受火攻，各船之间可能避散不及，造成严重的损失。针对此点，政府军指挥部也特别说明，实际作战必须考虑季节天气等诸多因素。以目前的风向而言，吹的是西北向的风，如果江东军贸然火攻的话，应该只会烧到位于下风处的自己。而根据指挥部的预估，此次双方对战应该在春季来临风向转变前便会结束，不会有遭到火攻的危险。发言人并强调，所有的步骤都经过精密计算及反复的沙盘推演，政府军一定会赢得最终的胜利，江东军方面应认清时务，尽快投降。

第一手情报　黄盖密降曹操

从曹操指挥本部传来的第一手资料显示，江东集团大将黄盖正打算秘密投降，如果这个情报属实，无疑将对周瑜造成严重的打击。据了解，黄盖已经暗中派人送信给丞相曹操，并约定暗号旗帜，表示将适时率领所辖船舰及军资粮草来降。不过政府军及江东军两方面皆不愿对此表示任何回应，而黄盖方面则无法取得任何联系。

周瑜怒打黄盖

周瑜鸣鼓大会诸将于帐下，孔明亦在座。周瑜曰："操引百万之众，连络三百余里，非一日可破。今令诸将各领三个月粮草，准备御敌。"言未讫，黄盖进曰："莫说三个月，便支三十个月粮草，也不济事！若是这个月破的，便破；若是这个月破不的，只可依张子布之言，弃甲倒戈，北面而降之耳。"周瑜勃然变色，大怒曰："吾奉主公之命，督兵破曹，敢有再言降者必斩！今两军相敌之际，汝敢出此言，慢我军心，不斩汝首，难以服众！"喝左右将黄盖斩讫报来。黄盖亦怒曰："吾自随破虏将军，纵横东南，

已历三世，那有你来！"瑜大怒，喝令速斩。甘宁进前告曰："公覆乃东吴旧臣，望宽恕之。"瑜喝曰："汝何敢多言，乱吾法度！"先叱左右将甘宁乱棒打出。众官皆跪告曰："黄盖罪固当诛，但于军不利。望都督宽恕，权且记罪。破曹之后，斩亦未迟。"瑜怒未息，众官苦苦告求。瑜曰："若不看众官面皮，决须斩首！今且免死！"命左右："拖翻打一百脊杖，以正其罪！"众官又告免。瑜推翻案桌，叱退众官，喝教行杖。将黄盖剥了衣服，拖翻在地，打了五十脊杖。众官又复苦苦求免。瑜跃起指盖曰："汝敢小觑我耶！且寄下五十棍！再有怠慢，二罪俱罚！"恨声不绝而入帐中。众官扶起黄盖，打得皮开肉绽，鲜血迸流，扶归本寨，昏绝几次。……鲁肃也往看问了，来至孔明船中，谓孔明曰："今日公瑾怒责公覆，我等皆是他部下，不敢犯颜苦谏；先生是客，何故袖手旁观，不发一语？"孔明笑曰："子敬欺我。"肃曰："肃与先生渡江以来，未尝一事相欺。今何出此言？"孔明曰："子敬岂不知公瑾今日毒打黄公覆，乃其计耶？如何要我劝他？"肃方悟。

打轻一点行不行？

东南风起 一片错愕 黄盖率舰来降 曹军陷入火海

之前传闻已久，关于江东集团大将黄盖将要密降曹操的传言，果然得到证实。不过，更令人惊讶的是，原本胜券在握的政府大军，如今却陷入一片火海，目前仍在全力扑救。一开始，江中远远出现大约十艘舰艇，曹操阵营提高警戒，密切注意这批船舰的动向。在进入可辨识的范围后，曹营确认这批船舰上的旗号与黄盖事先密约来降的旗号相同，便向指挥部回报。敌军大将来降的消息传开之后，政府军各营队的军士，都争先恐后地跑出营寨观看，并对着江中船舰指指点点说是黄盖来降，甚至兴奋地跳起了波浪舞。但这批船舰在举升主帆，乘着这个季节不该有的东南风快速前进时，船身忽然同时着火，在众目睽睽之下冲入了政府军的舰队。一旁围观的军士，无不被这突如其来的无名火给吓傻了，于是现场一阵慌乱。而政府军由于引进最新防晕技术，将主力战舰都用铁链连锁，首尾相接，导致在起火后无法疏散，于是全数船舰接连引燃，火势甚至延烧到岸上的营寨，一时火焰冲天，兵马被呛昏烧死、落水溺毙者不计其数，目前看来情况十分不乐观。

江东军团趁着突起的东南风发动火攻，政府军反应不及陷入一片火海

政府军严重受挫　曹丞相遁走华容

就在政府军所有船舰、营寨都陷入火海的同时，周瑜又率领轻装精锐水军出现了，并在震天鼓击之中奋力冲杀。被大火烧得焦头烂额的曹操部队，完全没有办法整编应战，大军在一瞬间崩溃瓦解。丞相曹操虽然声嘶力竭地要大家镇定，但此时部队已经完全失控，无法指挥，只好在少数部将及卫士的护送下，放弃作战，迅速逃离战场。而政府军于乌林的舰队、军资及营寨，目前都已付之一炬，现场仍弥漫着浓浓的黑烟及烧焦味，陆地上随处可见士兵及战马焦黑的尸体，岸边及江上放眼望去则尽是浮尸。目光所及，宛如人间炼狱，令人心惊胆战。据随军记者传回的消息，丞相曹操为了躲避周瑜及刘

吓！我的部队什么时候变成非洲军团了……

稀稀落落

咳！我们是被大火熏黑的……

数十万政府大军被大火冲得七零八落，曹操只能带着少数部队狼狈地从华容小道撤退

备水陆并进的追击，便率领少部残军从华容小道逃走。不过由于小道泥泞不堪无法通行，当时又狂风不息，曹操便命令老弱残兵背负着野草在前将道路填实，以便骑兵可以勉强通过。但由于大家急着逃命，所以有许多负责铺路的兵士都被人马践踏或因陷入泥淖之中而惨死。狼狈逃亡的过程中，曹操还曾感叹地说："如果郭嘉还在的话，我就不会沦落到这种地步了。"

关云长华容道义释曹操

云长忍耐不住，乃高声曰："关某自随兄长征战，许多年来，未尝落后。今日逢大敌，军师却不委用，此是何意？"孔明曰："昔日曹操待足下甚厚，足下当有以报之。今日操兵败，必走华容道；若令足下去时，必然放他过去。因此不敢教去。"云长曰："军师好心多！当日曹操果是重待某，某已斩颜良，诛文丑，解白马之围，报过他了。今日撞见，岂肯放过！"孔明曰："倘若放了时，却如何？"云长曰："愿依军法。"云长便与了军令状。云长领了将令，引关平、周仓并五百校刀手，投华容道埋伏去了。

曹操过了险峻，路稍平坦，在马上扬鞭大笑，曰："人皆言周瑜、诸葛亮足智多谋，以吾观之，到底是无能之辈。若使此处伏一旅之师，吾等皆束手受缚矣。"言未毕，一声砲响，两边五百校刀手摆开，为首大将关云长，提青龙刀，跨赤兔马，截住去路。操军见了，亡魂丧胆，面面相觑。操曰："曹操兵败势危，到此无路，望将军以昔日之情为重。"云长曰："昔日关某虽蒙丞相厚恩，然已斩颜良，诛文丑，解白马之围，以奉报矣。今日之事，岂敢以私废公？"操曰："五关斩将之时，还能记否？大丈夫以信义为重。将军深明《春秋》，岂不知庚公之斯追子濯孺子之事乎？"云长是个义重如山之人，想起当日曹操许多恩义，与后来五关斩将之事，如何不动心？又见曹军惶惶，皆欲垂泪，一发心中不忍，于是把马头勒回，长叹一声，并皆放去。

179

真相大白
黄盖诈降居首功

使出苦肉计立了大功的黄盖将军获得平反

江东集团发表正式声明，为卷入叛逃风波的大将黄盖平反。这份刚出炉的新闻稿指出，其实早在两军于赤壁对峙时，黄盖就已向周瑜提议采取火攻的策略，来对付曹军的铁锁连环船。为了松懈曹军的防守并争取更多的纵火时间，黄盖先派人向曹操诈降，并约定好识别的船号旗帜。与此同时，也征集了十艘蒙冲等战舰，上头载满了干草枯柴，并在其中灌满油脂，外面覆以帷幕伪装，插上与曹军秘密约定的旗号，船尾则绑上可让船上兵士逃生的走舸小艇。一切准备妥当之后，就等待曹操方面认为不可能出现的东南风吹起。由于周瑜、黄盖等人十分熟悉长江一带的气象变化，知道每年的这个时候，风向都会忽然转变。于是就在东南风出现的那天，由黄盖率领十艘伪装船扬帆先行，其余船舰则远远地跟在后面。当伪装船骗过曹军，前进到距离曹操大营只剩二里时，黄盖下令各舰同时点火，舰上的军士则改搭系在船尾的走舸。十艘被点燃的火船，乘着猛烈的东南风，以飞箭般的速度直直冲入曹军的舰队之中，焚毁了曹操的所有战船，也烧尽了曹操并吞江东的雄心。

死亡人数过半 曹操重新布局

在赤壁遭到惨败的丞相曹操，一路从乌林经华容小道仓皇地撤退到南郡之后，便命令曹仁、徐晃留守江陵，乐进留守襄阳。自己则率领其余军团，返回许都重新布局。根据政府军所发的新闻稿，此次与江东集团的会战，未能占得优势的最大原因，并不是孙权的部队有多强，而是在于突然暴发的传染病。由于疫情难以控制，导致战斗力大为减损，经指挥部研判无法在短时间内取得决定性的胜利后，于是决定撤兵，并自行将所有船舰焚毁，以免落入江东集团手中。不过，绝大多数的政治评论家并不采信这套官方说辞，认为疫情暴发虽然是政府军失利的重要因素之一，但自行烧毁船舰的说法则离事实甚远。根据统计，连同随后发生的饥馑及传染病，政府军在此役的死亡人数超过一半。不过曹操虽然经此挫败，但天下霸主的地位并未因此而动摇，其实力依旧远强于江东集团。预料未来曹操如果能顺利得到益州的话，仍有机会结束乱世，一统天下。

曹军包围夷陵
甘宁紧急求援

周瑜、程普乘着赤壁得胜的余威，统率数万大军逼近江陵，与留守此地的曹仁隔着长江布阵扎营。两军尚未接触，部将甘宁便请求领兵夺取相距九十里远的夷陵，以便牵制曹仁。由于夷陵没有政府军队布防，所以甘宁一到便得以入城进驻，开始构建守城的防御工事。

守卫江陵的曹仁得知甘宁取得夷陵之后，为免腹背受敌，便派出一支军队包围夷陵并展开强攻。甘宁因为守城人数不足无法久撑，情况十分危急，便派人向周瑜求援。江东将领虽然知道夷陵告急，但却都认为目前和江陵对峙的兵力太少，不足以分出一支部队去解甘宁之危。只有吕蒙逆向思考，认为可以只留下凌统与曹仁大军继续对峙，自己则和周瑜、程普率大军前往夷陵解围，以优势兵力迅速解决围城部队，再折返江陵与凌统会合。吕蒙同时也担保，以凌统的实力，支撑十天应该不是问题。于是周瑜同意吕蒙的计划，下令大军即刻出发援救甘宁。

刘备趁乱夺取荆州四郡

原本和周瑜一同追击曹操至江陵的刘备，在表（向中央政府推荐并任命）刘琦为荆州刺史（地方行政长官）之后，突然领兵南下，对荆州南部发动攻击。由于事出突然，武陵、长沙、桂阳、零陵四郡的太守（地方行政长官）无法抵抗，只得全都投降。连庐江的武装部队数万人，也在指挥官的带领下归顺，让刘备集团的实力瞬间大增，已非当初惨败于当阳时可同日而语。刘备随后任命诸葛亮为军师中郎将（部队指挥官），负责督导零陵、桂阳、长沙等三郡的赋税征收以充实军需，并以赵云领桂阳太守。

周瑜**夷陵告捷**　张昭**当涂无功**

周瑜大军抵达夷陵之后，在城下大破围城部队，并虏获战马三百匹。由于这场仗赢得漂亮，让全军士气大振，在回师后周瑜便渡过长江，在北岸扎营，继续与曹仁对抗。另外，孙权亲自率军包围合肥，并命令张昭率领支部攻击当涂，但未能获得胜利。

煮熟的鸭子飞了
益州弃曹操结盟刘备

态度暧昧，更一度倾向投靠曹操阵营的益州牧刘璋，终于做出决定，宣布与丞相曹操断绝往来，转而与刘备结盟。记者深入探访，发现刘璋的这项决定是出于其心腹张松的建议。而张松于曹操初得荆州时，便代表刘璋前往致贺并顺便了解状况。但因曹操当时对张松表现出轻视的态度，让张松心生怨恨。于是张松回到益州后便建议刘璋改与刘备合作。此一重大的

之前受曹操冷落的张松
力劝刘璋改与刘备合作

转变，不但使曹操失去入主天府之国的机会，也让刘备得到了更好的发展空间。这样的结果，相信是曹操当初自负于胜利，而未能礼贤下士时，所始料未及的。

不可能的任务 II……

孙权命令部将贺齐，率军攻打丹阳郡内黟、歙两县境内的土匪。这批共约两万户的土匪，驻扎在四面都是悬崖峭壁的山上，贺齐的部队到此屯兵一个多月，仍然苦无进攻的对策。后来，贺齐便挑选了身手矫健的士兵，偷偷绕到背后隐蔽险恶之处，趁夜摸黑以铁戈开道凿山而上。再从高处悬下布条绳索，将下面的人一个一个拉上去。一百多名特遣队员都上去之后，便分布四面八方，同时击鼓吹号，让土匪大为恐慌。防守要道的土匪听到骚动之后，都放弃险要位置立即奔回大营之中，于是贺齐的军队便趁乱攻上山，大破贼兵。平定之后，孙权便将这个地方划为新都郡，并以贺齐为太守（地方行政长官）。

热搜事件榜单

名乱民受封乌程侯

- 西园八校尉成立　全归宦官蹇硕统御　新时代新星袁绍曹操　动向备受瞩目
- 东汉大赦令
- 扩大阅兵　皇帝自称无上将军　法师预言皇宫将发生流血事件　皇帝决定布阵阅兵来破除不祥
- 董氏集团VS何氏集团　太后任董重升骠骑将军
- 国家有难　皇甫嵩再出征

- 董卓计拙　皇甫独胜　两人战略观点不同彼此种下嫌隙
- 狂妄董卓屡次抗命　虚弱中央束手无策
- 东汉现任皇帝刘宏驾崩
- 十四岁刘辩登基　何太后临朝听政
- 东汉大赦令
- 蹇硕密屠大将军不果　何进逮捕小黄门处死
- 两个女人的战争　媳妇何太后占上风　董太皇太后遭弹劾　驱出皇城遣回封国
- 何进兵围骠骑府　董重被捕自尽　太皇太后离奇死亡　董氏瓦解何氏独大
- 先帝刘宏安葬文陵
- 东汉人事令
- 大将军请罢中常侍　何太后执意续留用
- 袁绍提议　征召四方将领施压中央　曹操不屑　认为小题大做后患无穷
- 董卓奉命进逼京师　丁原率军挺进洛阳　何太后屈服　遣散内宫常侍

- 首都洛阳气氛紧张　何进人事重新布局　袁绍任司隶校尉　王允接掌河南尹
- 关系了得！中常侍再次入宫
- 大反扑！何进人头落地
- 预言成真　皇城血流成河　尽诛阉宦　共死两千余人
- 张让挟帝出北宫　深夜常侍投河死
- 董卓大军护驾　皇帝惊恐啼哭
- 圣驾安然返宫　传国玉玺失踪　丁原接管洛阳警备　董卓大军陆续抵达

【专题报道】传国玉玺

- 东汉大赦令
- 鲍信提议除董卓　袁绍畏懦失先机
- 吕布刺杀丁原　董卓实力大增　董卓吞并何进丁原兵团　接任司空
- 大逆不道　董卓谋废少帝　挺身而出　袁绍怒斥出走
- 变天！董司空召百官议废立　卢尚书提抗议遭免职
- 何太后下诏罢黜亲子刘辩　陈留王刘协九岁继登大宝
- 东汉大赦令
- 先被移宫永安　再饮毒酒身亡　享尽权贵何太后下场悲惨
- 董卓声势如日中天　出入加天子仪仗卫队
- 天候异常　大雨连绵
- 重大人事变革　董卓位极人臣
- 东汉令
- 董卓残暴　人民惊恐
- 为挽回人心　中央政府提新一波人事　袁术曹操弃官而去　相国董卓颜面尽失

【罗贯中专栏】孟德献刀

185

186

187

188

- 内外夹击失效　袁尚急奔中山国
- 曹操阵前巡视险遭狙击
- 三兄弟恩仇录　袁谭强袭　袁尚败投二哥袁熙
- 政府军攻陷邺城
- 司空亲奠大将军　痛哭流涕
- 曹操本营　邺城落脚
- 许攸恃功而骄　惨遭诛杀　高幹并州献降　续任刺史
- 政府军下一目标——袁谭
- 孙权亲弟被刺身亡　遗孀竟与仇人订下婚约
- 乌桓王摇摆不定　宴会爆发全武行
- 犀利徐氏　报杀夫之仇

143 公元二〇五年

- 曹操斩杀袁谭　掌控北方　重用当地名士收拢人心
- 涉及公然侮辱　陈琳道歉　曹操不予追究
- 难兄难弟　袁熙遭部下叛变　偕袁尚投靠乌桓
- 善变高幹反复无常

145 公元二〇六年

- 北斗七星异象
- 曹操亲击并州　高幹被捕斩首
- 东汉令
- 海盗现身　乐进李典击退
- 政府再次开凿输粮运河　积极准备征讨乌桓

146 公元二〇七年

- 中央大封功臣
- 力排众议　郭嘉定计攻乌桓

- 大军启动　舍辎重　轻装急行军
- 大雨泥泞　北伐受阻
- 放弃远征　政府军开始撤退
- 凿山开道攀险途　政府大军突现身
- 轻装精锐以寡击众　曹操击垮乌桓联军
- 神机妙算　曹操坐待二袁首级
- 刘备与人力中介大佬司马徽接头　卧龙凤雏列入人才名单
- 袁氏势力画上句点　公孙康献二袁人头
- 天寒地冻　政府军宰杀战马充饥
- 秋后算账？！曹操褒奖异议者
- 未听刘备之言　刘表失袭曹良机
- 孙权西打黄祖　甘宁射死凌操
- 徐庶加入刘备阵营　强力推荐诸葛孔明
- 讣闻　孙权母吴太夫人辞世
- 三顾庐　刘备亲访卧龙诸葛　隆中对　孔明规划三分天下

154 公元二〇八年

- 郭嘉病死军中　曹操痛失智囊
- 刘备出现管理危机　关羽张飞极度不满
- 用人不公遭弹劾　司徒赵温被免职
- 玄武池培训水军　政府军准备南征
- 猛将甘宁　弃黄祖投孙权
- 大规模水战　黄祖一命呜呼

【军事科技】

- 诸葛亮及时点醒　刘表长子外派避祸
- 杀父之仇不共戴天　凌统盯上甘宁
- 中央政府大改制　废除三公另设丞相
- 天上杂志调查　中央政府效率廉能双上榜
- 司马懿佯病险入狱
- 部队夜半叛变　张辽镇定荡平

189

- 马腾中央任职　二代马超接掌原部
- 政府军南进荆州
- 孔融被控叛国
- 刘表去世　荆州掀继承风波　次子刘琮接父位
- 江东集团　有意联刘抗曹
- 刘琮归降曹操　刘备未获告知
- 刘备快闪　追随军民十余万人
- 江东密使鲁肃抵长坂　商谈结盟事宜
- 曹操轻骑急行军　闪电出击
- 刘备兵败当阳　张飞长坂断后
- 奋不顾身　赵子龙单骑救主

【罗贯中专栏】张翼德大闹长坂桥

- 母亲被俘　孝子徐庶改投曹操
- 刘备关羽水路抵夏口
- 并荆州　曹操骄矜自喜　远来贺　张松备受冷落
- 刘备情势危急　诸葛江东求救
- 孔明初会孙权　简报分析精准
- 一封曹操信件　江东弥漫恐怖气氛
- 江东文官一面倒　会议结果倾向降曹
- 鹰派重整　紧急召回周瑜
- 开战　周瑜鲁肃力挺　孙权挥刀定案
- 曹操兵团与孙刘联军战力总对比
- 周瑜程普领军　江东军挺进樊口
- 水土不服　防疫出现漏洞
- 初次接触　江东水师稍占上风
- 情势紧绷　两军赤壁对峙
- 政府军引进新技术　解决士兵晕船问题

【罗贯中专栏】草船借箭

【军事科技】铁锁连环船

- 第一手情报　黄盖密降曹操

【罗贯中专栏】周瑜怒打黄盖

- 东南风起　黄盖率舰来降　一片错愕　曹军陷入火海
- 政府军严重受挫　曹丞相遁走华容

【罗贯中专栏】关云长华容道义释曹操

- 真相大白　黄盖诈降居首功
- 死亡人数过半　曹操重新布局
- 周瑜曹仁隔江对峙　甘宁进驻夷陵
- 曹军包围夷陵　甘宁紧急求援
- 刘备趁乱夺取荆州四郡
- 周瑜夷陵告捷　张昭当涂无功
- 煮熟的鸭子飞了　益州弃曹操结盟刘备
- 不可能的任务Ⅱ……

190

北京市版权局著作权合同登记号　图字：01-2017-9292

图书在版编目 (CIP) 数据

三国热搜榜．群雄逐鹿卷 / 黄荣郎著 . —北京：
中国法制出版社，2023.12
　　ISBN 978-7-5216-3519-5

　　Ⅰ．①三… 　Ⅱ．①黄… 　Ⅲ．①中国历史 – 三国时代 –
通俗读物 　Ⅳ．① K236.09

　　中国国家版本馆 CIP 数据核字（2023）第 079616 号

策划编辑：李　佳　孙璐璐
责任编辑：刘冰清　　　　　　　　　　　　　　　封面设计：汪要军

三国热搜榜．群雄逐鹿卷
SANGUO RESOUBANG. QUNXIONG ZHULU JUAN
著者 / 黄荣郎
经销 / 新华书店
印刷 / 三河市国英印务有限公司
开本 / 710 毫米 × 1000 毫米　16 开　　　　印张 / 12.75　字数 / 275 千
版次 / 2023 年 12 月第 1 版　　　　　　　　2023 年 12 月第 1 次印刷

中国法制出版社出版
书号 ISBN 978-7-5216-3519-5　　　　　　　　定价：48.00 元

北京市西城区西便门西里甲16号西便门办公区
邮政编码：100053　　　　　　　　　　　　　传真：010-63141600
网址：http://www.zgfzs.com　　　　　　　　编辑部电话：010-63141837
市场营销部电话：010-63141612　　　　　　　印务部电话：010-63141606
（如有印装质量问题,请与本社印务部联系。）